找到真心的快乐

行贵禅医悟语

珍藏版

释行贵 —— 著

中国中医药出版社

· 北京 ·

图书在版编目（CIP）数据

找到真心的快乐：行贵禅医悟语：珍藏版 / 释行

贵著 . —北京：中国中医药出版社，2020.1（2025.5重印）

ISBN 978 - 7 - 5132 - 5932 - 3

Ⅰ．①找… Ⅱ．①释… Ⅲ．①禅宗—养生（中医）

Ⅳ．① B946.5 ② R212

中国版本图书馆 CIP 数据核字（2019）第 276636 号

————————————————————————————

中国中医药出版社出版

北京经济技术开发区科创十三街 31 号院二区 8 号楼

邮政编码 100176

传真 010-64405721

山东临沂新华印刷物流集团有限责任公司印刷

各地新华书店经销

开本 710 × 1000 1/16 印张 16 字数 180 千字

2020 年 1 月第 1 版 2025 年 5 月第 3 次印刷

书号 ISBN 978 - 7 - 5132 - 5932 - 3

定价 69.00 元

网址 www.cptcm.com

服 务 热 线 010-64405510

购 书 热 线 010-89535836

维 权 打 假 010-64405753

微信服务号 zgzyycbs

微商城网址 https://kdt.im/LIdUGr

官 方 微 博 http://e.weibo.com/cptcm

天猫旗舰店网址 https://zgzyycbs.tmall.com

如有印装质量问题请与本社出版部联系（010-64405510）

找到真心病魔消，活在当下得新生

这是我写的最后一本书，愿与大家共同分享癌病治愈的真正原因，任何人翻阅此书，如同真正找到自己的希望和精神寄托，找到治病的良方。

疾病因何而生？

我们首先要知道病因何而生，这是非常重要的。很多病是怎么来的？往往由于很多人的性格太随意，不能真正地认识自己；缺乏理性，每天过着随心所欲的生活；或者欲望太高，不会控制自己；还有人性格太要强、太执着，做事不达目的誓不罢休。

拿我来说，从小到大什么都想要第一。童年在寺院生活，师父一直秉承佛教的标准要求我，要干得多，要能吃苦，还得忍气吞声。童年受到的熏陶和教育就是这样，别人付出一分力量做的事我都要付出十分去做。踏入社会后，我做了一名医生。别人当医生，也就按照医院的作息时间，开方查房治病。早上5点钟，我就带着病人去就近的公园（人民公园、碧沙岗公园）锻炼身体，哪种方式对病人有好处，我就带病人进行哪种锻炼，如站桩、八段锦、易筋经等；7点钟匆忙买些早餐，赶到单位上班；病人太多了，中午没有回过家；下午正常是6点下班，我经常到了晚上10点还没回家；回到家后，临睡前还要把这一天看过的病历再总结一下，整个心思都扑在病人身上，没有为自己活过一天；周末更谈不上休息，对孩子无暇兼顾，顶多见个面。我觉得医生的职责就是救人，不管采取什么样的治疗方法，能让病人好才是本事，才是真正的好医生。在生活方面我省吃俭用，觉得能吃饱就是幸福的，还想省点钱帮助特别困难的人，从没有呵护过自己的身体。

就这样闷着头苦干，别人会的我要会，别人不会的我还要会，一定要比别人学得多。不仅中医、西医，还有点穴、针灸、按摩，等等，什么都要学会，付出了比别人多10倍乃至20倍的努力。在童年的时候，爷爷和师父就教导我："人家会一样本事你得会十样本事。你是个人，披着人皮来世上走一回，那就需要做出点事业来。做的每件事都得让别人高兴快乐，还得能够展现你自己。就像个太阳，给所有人带来温暖、快乐和幸福，让所有人接触你都有这样的感觉。"为何让我要比别人多学这么多呢？这就是答案。患重病以后，我才慢慢领悟到这句话的意思，以前我没有真正理解师父的教诲和生命的真谛，辛苦工作却遭到同行的攻击和反对，还患了绝症。我恍然醒悟，我付出的很多，但有了一颗名利心，什么都想争第一，一旦付出就想得到，不管是名还是利，始终活在工作压力和患得患失的恐惧中；我性格太执着，干得好却往往遭到旁人嫉妒，只能任凭别人说，抹完泪继续工作；我想听顺心好听的话，不愿听逆耳的话。我的病源就在此。

从童年到青年，我一直在逆水中挣扎，但也是很幸运的，干什么都成功了。自踏入社会起，到医院工作，我一步步升到主任医师，坐到院长位置，都是大家评选的，靠的是自己的真才实学，不像现在很多事都要托关系，那个时候根本不会这样做，这样做都是丢人的事情。从 1980 年到 1981 年，省卫生厅和省电视台合拍的医疗锻炼法《易筋经十二式》，中央电视台连续播放了 12 次后，一下子将我推向全国。我跑遍了国内所有省市，做讲座，做报告，办学办班，还经常到国外做讲座，平时还要上班，实在是身不由己，最后彻底累垮了。1996 年 8 月，我罹患原发性结肠癌后转移至腹腔、卵巢、淋巴、骨骼。这令我感慨万千，我从年轻懂事到踏入社会，片片善心为别人，有求必应，一直在为别人付出，没有为自己活过一天，怎会罹患绝症？我不甘心，于是在绝望中走上了追寻生命真谛之路。

在重病出家后，偶然看到《大藏经》，我才找到问题的答案，查到了疾病的根源。人身难得，佛法难闻。何为人？孔夫子有句话：**"故人者，其天地之德、阴阳之交、鬼神之会、五行之秀气也。"** 人乃天地之精华啊，是个人就应该做人的事。《易经》里也有句话，译出来就是"肩负着宇宙中万物之灵、最高内涵的称为人"。所以说，是人就要积极努力地创造，用本来具足的智慧，成功做事，服务于社会——这就是人。

为什么要爱别人？

那应该如何去做呢？《易经》讲，是人就要具备 3 条：第一，永恒的言说真理；第二，普遍的行为要遵循自然法则；第三，终极的思维逻辑。什么叫永恒的言说真理？爱。来到这个世间，是人就要有爱心。

怎么爱？我读《金刚经》，里面讲得很明白，唯有当你不判断，你才能够爱。什么是爱？要视天下人都与我一样同呼吸，共命运，我们是同体的，爱别人就是爱自己。遇到任何事、任何人，都没有分别心，去爱他、呵护他。我之所以有今天的成就，就是爱我的医学事业，像爱自己的生命一样；爱病人胜过爱我自己，比亲人还亲，看见病人痛苦，自己就吃不下饭，睡不着觉。我的事业能有点小小成就，就是这么干出来的。

孔子说，人之初，性本善。老子也说了，阴阳和合的充阳之气，这就是生。性是宇宙的法则，是宇宙借给我们的。生也是宇宙借给你的，死是缘尽了，气散了，这是宇宙的循环规律。只要对死有了明确的认识，就没有什么可怕的。这是自然规律，你能躲得过去吗？放下这一切，用心学习，去干事，不能浪费生命。拼命地去做，拼命地去干，无所求。现在只要能干成一些事，我就很开心，今天建了一个学校，明天又盖了一所大殿，这寺院我又建成了……说心里话，我每天都活在喜悦当中。

干事业的钱从何而来，没有付出，何以谈钱？怎么让别人心服口服地以钱来回报你？早些年出国讲学，新加坡、马来西亚、泰国等几十个国家，还有我国的各个省份，包括香港、澳门、台湾地区，我全都去过。这些地方有很多人都是我的学生、老朋友，他们有一些解决不了的问题，让我过去答疑。我给他们讲课，得到了他们的认可，这些人就回报给我钱，而我就用这些钱回来做事业。钱，来之于民，用之于民，应该服务于社会和大众，帮助需要帮助的人。用钱的方式是验证一个人智慧的真正工具。如果拿钱来吃喝嫖赌，那才是糟蹋挥霍人生。放下自我，尽管做事。因果是丝毫不差的，阴阳是平衡的，舍与得也是平衡的。肯付出就能得到，只是看时机是否成熟，舍到一定程度，得到的比你想象的多得多。这就是我最大的因缘。

为什么病是吃出来的？

很多病是从嘴里吃出来的，人们在得意忘形之下往往管不住自己的嘴，这是疾病最根本的原因之一。饮食清淡，营养平衡，适时进食，是健康的不二法门。但在现代社会的生活环境下，人们往往很难做到这点，加之环境污染、食品卫生等问题，天长日久，疾病渐增。癌症，只是最后的"结果"而已。

为什么要学会适度？

我的虚荣心重，给病人看病的时间把握不住，所以压力大。当然，这也是没办法的事情，我的心太软了，病人来了我必须给人家看，平均每天睡眠不超过 2 小时，就这样累病的。更重要的是，我太执着了，什么都要第一，不生病才怪呢！

为什么要学会感恩？

我患癌症后能恢复，最重要的原因是保持了良好的心理状态。很多人一患病就会觉得自己委屈，想着自己曾是单位里、家里的主力，这么能干，怎么会患这么严重的病？"你们理应为我服务，干啥都是应该的，还得看我的脸色"，很多病人都是这样想的。虽然亲人在身边照顾，但他们不经意的一个眼神、一句话，都会让病人全面崩溃，气得想哭。其实这是病人体内阴阳失调、正气不足的表现，往往会在自己最亲近的人面前发脾气，亲人做得再好也不入其心。

我出家以后，跟在身边的都是我的弟子和学生，他们没吃我的，没喝我的，一心一意为我服务，又是熬药，又是做饭、洗衣服。我病重的时候体重只有 78 斤，连坐的力气都没有，啥也不能干，只有一颗感恩的心，因为我知道，我根本就没有资格去挑他人的不足和过错。我只有通过自己的经历用心教导弟子，如何成就人生。

为什么生病时见谁都要笑？

我的见解：很多病人如果过度依赖亲人，病情往往不会好转。我呼吁所有的病人都要学会自强自立，在生活不能自理的时候，可以找朋友来陪护你。何故？因为朋友没吃你，没喝你的，还要为你服务，你只有一颗感恩的心，无火可发。朋友一个微笑，一句关心的话，如"哎呀，你歇歇吧"，就会让你感动得想掉眼泪。亲人的关心反倒让你情绪更冲动，委屈得想哭，但是人一哭正气就易衰退，心里马上就会难受。

导致疾病难以痊愈的根本因素之一，就是生病了在家人面前有撒娇的心，做什么都懒得动，别人给做了还挑毛病，心里还委屈得很。我正因为离开了亲人，走出来了，所以每天活在感恩中，活在喜悦中。跟着我的都是我的弟子和学生，志同道合，我们在一起谈练功，谈医学。教他们学习，我忘了自己的病，他们也高兴，我也开心。弟子和学生没吃喝我的，还在这里为我服务，有时还给我带点吃的，我只有一颗感恩的心，总认为亏欠人家太多了，我必须得好好教徒弟——就是这样的心。所以，每天我都会说："谢谢……实在对不起……给你添麻烦了……"

在对抗病魔的过程中，我除了吃中草药，还坚持锻炼，配合良好平和的情绪，心情喜悦，一天比一天好，就这样，病不知不觉就好了。

释行贵

2019 年 5 月 9 日于古禅寺

目录

第二篇　温暖别人，自得健寿 / 五九

三

第一篇

找到真心，无病无癌

不偏重于一端，不执着于一念

每个人都想离苦得乐，秘密在哪儿？在心情，也就是情绪，人就是在情绪的不停变化中走完一生的。从生理的角度讲，适当的情绪有助于人体健康，过度的情绪却会损害健康。

我刚患癌症的时候，躺在病床上一动不能动，心里就会胡思乱想。想到过死亡，想到过恨这恨那。为什么人会胡思乱想？因为我们的五脏里住着五个"神"——**心主喜，肺主悲，肝主怒，肾主恐，脾主忧**。生病了，五脏功能弱了，管不住这五种情志了，这五个神跑来跑去，人当然就会胡思乱想了，所以我们一定要有个好身体。后来我觉得这样下去不行，于是就背《心经》中的一句话"**不生不灭，不垢不净，不增不减……无眼耳鼻舌身意，无色声香味触法**"，渐渐地，我明白了，一切都是伪心想出来的，一切都是妄想执着，一定要把这些妄想都降服。这样一来，心慢慢就定下来了。尝到甜头后，我开始天天背《心经》《药师经》《大悲咒》等，明白了很多，也重新认识了生命，明白了生命是怎么来的，为什么会生病，什么是心，心在哪里。很快，怕死、恨这恨那的心就没有了，人也就越来越健康了。

生病时不要老想它，就像《金刚经》里说的那样：**不偏重于一端，不执着于一念**，不要老想那些负面的事。

如果忍不住想了，是因为不能做到"定"。

佛家讲究一个"定"字，这个"定"在情绪上可以理解为不被外界所影响，是一种修心的过程。尘世中有无限的纷扰，活在其中的人自然难以逃避这些纷扰。比如说，一个人受了委屈，被他人打骂，往往会生出嗔怒心，轻则靠自己身体化解怒气，重则仇恨报复，惹起祸端。所谓大怒伤肝，其实不仅是肝脏，人在大怒的情况下对心、肝、脾、肺、肾均有所伤。如果是身体强壮的人，元气旺盛，一般还能抵御，虽有所伤，一时之间也不至于产生疾病，但若是频频产生怒火，再强壮的身体，也有吃不消的时候。

如果是先天禀赋不足，或是先天充足而失于调养之人，柔弱的身躯难以抗拒熊熊的怒火，则必然要生病。《三国演义》里，周瑜便是在受了箭伤的情况下，不听医生劝告，一而再，再而三地发怒，气冲疮口，不治身亡。他的死和"怒"这种情绪是分不开的。与周瑜不同的是，林黛玉死在一个"悲"字上，她先天禀赋不足，又常年多悲，久之伤及根本，导致了薄命的结局。

每个月的初一、十五，我都在寺里给前来的善男信女开解。有一次我在寺里，遇到一位女居士，她刚做完乳腺结节手术，从她无神的双眼、无精打采的神态看得出，她的情绪非常悲观。果然，她就对我说："师父，我患了乳腺结节，虽然做了手术，但是不知道有没有做干净，也不知道自己还能活多久，我不知道该怎么办。"

我说道："你知道你为什么会得这个病吗？就是因为女人心眼比较小，容易生闷气，导致肝经不通畅，乳腺正是肝经循行的地方，长期的气血不畅通，自然就结节了，你现在刚做完手术，仍然是这样看不开，病怎么能好呢？即使好了，还会再得，最重要的是心要放开，健康豁达地生活；并且要相信医生，乳腺结节只是一种小病，现在的外科手术治疗这种病完全胜任有余，回去后健康地生活，喜欢做什么就去做什么，保证以后不会再患这种病了。我患了五种癌症，癌细胞在整个腹部都扩散了，我现在不还是活得好好的？"

听了我的话，她就笑起来了，说道："师父说得是。"而后就高高兴兴地去了。后来我在寺里常见到她，她总会跟我聊一会天，有时候长，有时候短，有时她会在寺院里做义工，七年多过去了，她没有再患上乳腺结节的病，活得很健康。

不仅大怒、大悲或者生闷气会伤害人体，人的喜、怒、忧、思、悲、惊、恐七种情绪皆可以对人体造成伤害。大喜伤心，大怒伤肝，忧思伤脾，大悲伤肺，惊恐伤肾。这讲的是情绪太过，如果情绪只是处于适当的情况，那么对人体健康就有一定的调节意义。比如说，小的喜悦可以开通经络，调畅气血；一定程度的悲哀能够通过流眼泪的方式得以舒缓，这样可以宣发肺气，对五脏有一定的益处。所以，把情绪控制在健康的范围内非常重要。

我们佛家讲究断绝七情六欲，明心见性，在"定"字上下的功夫可谓极深，是一个长期的循序渐进的过程。一般尘世中的人为了身体健康，益寿延年，不需要非常深厚的修行，**只要能够做到控制内心，不让七情泛滥，便能把握住生命的健康**，安乐祥和地度过每一天。离苦得乐，其实就是这样简单。

阴阳互根互用，生命自我修复

我从1996年癌症晚期到现在，已经"新生"23年了，我彻底地从癌症的阴霾中走了出来。通过向很多人讲述我的亲身经历和所见、所思，很多癌症病人也从疾病的阴影中走了出来，活得很开心，没有疾病与死亡的压力。

无论何时，人面临的最大危机都是疾病。世界上很多人都是不健康的，而且亚健康的人数在逐年增长。现在，西医是通过现代系统来解释生命，而中医则是用传统哲理来解释生命。我们的祖先在《易经》中就指明，阴阳之道是阴阳离合消长运动的规律，阴阳是运动，运动即"能量"与"物"的合一"态"。这就是"**天人合一**"，所以我们知道阴阳合一是生命。

生命是怎么回事？

《易经》中有一段话，什么是生？阴阳合和的冲阳之气。什么是性？是宇宙的法则。什么是死，是缘尽气散。这都是自然循环的规律。在《伤寒杂病论》中，什么是"六经"？心、肝、脾、肺、肾、心包称为"脏"，其经为六阴经；小肠、胆、大肠、膀胱、胃、三焦称为"腑"，其经为六阳经。人生病时，中医治病的方法是汗、吐、下等，这是一般性方法。排汗、涌吐、大便、小便都是人体本能，而人体本能与疾病有什么关系呢？这就是《伤寒杂病论》给我们的思考线索。方药因法而定，法来自理，理来自道。道是什么？道是阴阳离合，阴阳消长，而阴阳是动能与物质。生活是"阴涵阳附"，生命的自然过程是"阴阳互根"。在中华民族的根文化中，认识生命，认识了生命的自然过程和生命的自然规律，就认识了疾病。这就是中华民族的根文化，而核心就是"天人合一"的大自然的合一性与阴阳五行的和谐性，使我们认识到应该怎样对待自己，怎样保护自己，怎样对待自己的身体不适和疾病。

什么是疾病？

疾病是人的生命自然过程中一个本能系统保护自己的过程，也是身命本能的活动表现，我们怎样对待疾病就是怎样对待自己。

有人用刀切、用毒药来对待疾病，结果往往是死亡！我们应该顺应生命本能的活动，顺应自然规律，因势利导，用百草和饮食调理及运动来治愈疾病。用正确的观念对待生命，即能生存。认识生命，了解宇宙，就能使百病可愈。

生命的真谛是什么？

早在两千六百年前，我们的祖先就认识到了生命的真谛，在一千八百年前就开始形成了生命本能医学。人所共知的《黄帝内经》《伤寒杂病论》已经是中医认识生命以后，把生命能应用于临床了。所以，一千八百多年来，中医创造了无数的临床奇迹。我们对生命的认识要通过"能"。我们是从"生命能"中看到生命。因为没有"能"就没有生命，从生命能态认识生命。什么是生命能，什么就是生命。中医没有直说生命的具体本能，但是中医高度概括地说明了生命来自于"**阴涵阳附，阴阳互根**"，这就是生命的过程。升降出入，这是生命的本能。生命能量有自我修复、自我更新、自我复制、自我塑造，以及自主调节、信息处理的生命本能。大自然给予了人类生命，人类自己摄取外界物质，加以变化，塑造自己依附的形体，排出了异己的废物，这是自我生成的本能过程。这就是我们的生命，生命的存在要靠生命内的能量，也就是气。阳气、正气必须附入生命物质才能显示，而生命物质是生命能量摄取外界物质分解变化来塑造自我的依附物。宇宙中的一切生命都有"自塑本能"。

我们人类向外界摄取的物质是很复杂的，植物的根、叶、花、果以及菌类等几百种东西，吃到体内要分解、转化、合成，再排出废物，要多少个程序才能完成这么大的复杂工程？而且哪一天，哪个时间，摄入哪种物质，摄入多少，都没有一定的量，因为分解、转化、合成不同种类的物质，要分泌不同种类的化学物质，分泌多少，转化、合成多少，都要有一定的量，而摄入的物质没有一定的类别，也没有一定的数量，是完全不定的。而且机体运动量的大小，需要摄入物质量的多少，也是完全不确定的。人体内的活动程序非常复杂，而且自塑的形体有骨膜、髓、筋、皮、毛、肤、发、心、肝、脾、肺、肾、经络、血液、津、精等一切不同组织、不同结构、不同物质，要用的构筑材料有几百上千种，直至今天没有任何一个国家和组织宣布人体摄入物质到底需要多少。何况我们的生命本能分分秒秒都在不断地更新自己。

阴阳平衡的秘密在哪儿?

只有我们中国文化的根源《易经》《黄帝内经》《伤寒杂病论》宣告**"阴涵阳附"**就是生命自塑本能。平衡体内阴阳，遵循规律。

了解了生命，控制自我，广学多闻，战胜欲望，遵循自然规律的法则，春生、夏长、秋收、冬藏，加强运动，饮食多样化，不要贪吃，控制食量。祖师圣贤大德留下的珍贵的锻炼方法，如八段锦、少林寺传下的四季养生六字诀等强身健体的方法，都有它们的真实性、规律性、科学性，通过这些锻炼，掌握了规律，激发生命自身的本能，就可因势利导，利用自身制造的材料修复自我。这是自然形成的"道"，"道"是永远不可能改变的自然规律。生命是生、长、壮、老、已的过程，生命物质建塑的人体拥有许许多多的细胞，细胞的生命就是人体的生命，所有细胞的死亡就是人体的死亡。例如，人身体的细胞，经过6个月左右的时间就会更新90%，再产生新的组织；胃细胞7天更新一次；皮肤细胞28天左右更新一次；肝细胞180天更新一次，等等。在一年左右的时间里，身体98%的细胞会更新一遍。如果人体按生存100年，也就是100岁计算，细胞的生命只有一个月，那么100年中身体细胞要更新1200次，没有自我更新，生命将是短暂的。

所以，生命自始至终是"阴阳互根"的活动，"阴阳互根"是生命的存在基础。什么是"阴阳互根"？"阴"是发生于"阳"的物质，而"阳"又是发生于"阴"物质的动能。"阴"与"阳"互为发生的根本，这样不断循环互生的过程就是成为生命的过程。"自我更新本能"是自然寿命长短的根据。人的长寿之道就是自我更新的本能的健运，去旧生新。自身锻炼就是自主调节的重要自我修复方法。

如何自我修复？

自我修复的方法就是锻炼，通过不同的动作和不同的方法达到身体器官、组织之间，上下、内外、左右、纵横、高低、消长、强弱、进退中的升降出入的平衡。

中医典籍中有关于自我修复的文字表述。中医说：**"命门为相火之源，天地之始"** "三焦为相火之用，分布命门元气，主升降出入，游行天地之间，总领五脏六腑、营卫经络、内外上下左右之气，号中清之府。上主纳，中主化，下主出。"这段话就是通过自我锻炼达到自我修复的表述。

解说一下"命门"和三焦在人体的重要性。命门是什么？是人体脊椎，包括颈椎七块、胸椎十二块、腰椎五块，骶骨、尾骨各一块，命门是在第2腰椎棘突下，两肾中间处，中医称为"命门"。为什么此处称为命门？生命不是凭空掉下来的，此处就是生命之本。为什么定在此处？我想应该是：当精子把生命能量注入卵子形成生命的时候，胎儿摄入母血来塑造自我。母血由胎盘吸收，从一条管子进入儿脐。儿脐有一管接十四椎下面，由一管与肝相通，另一管与肾相通。母血由此入肝进行分解、变化，合成生命物质，所余异物储留在肠道中。进入循环中的液体废物，由肾滤出，由此处还出儿脐，从胎盘排出，母亲代排出体外。由这个过程看，命门穴是先天期人在"自塑"过程中物质出入的门户，似乎生命是从这里来的。因此，此处称为"命门"。这是中华民族先哲的意思，大家明白即可。

命门为阳，称"相火"之源，相火为命门元气之用。相火是推动生命活动的动力。相火是源出于命门的元气的"用"，什么意思呢？"用"是与"体"相互对应的概念。比如，翅膀是体，飞翔是用。元气是"体"，相火是"用"。为什么把"用"称为火呢？"相"又是何义呢？中医把"功能"称为"火"，是因为二者有很多相同属性。首先，能与火都是无形体的；其次，能与火都是产生热量的；再次，能与火都是消耗物质的；最后，能与火都是看见活动而来去无踪迹的。能与火有着共性，所以古代人称能为火，未必不是智慧。

中医独特的三焦是什么？

至于"相火"的"相"字，是对"君火"而言的。君火指先天的生命之源。中医说，"命门为相火之源""天地之始"。天地之后而用相火的用事。相火是有了形体、有了器官组织之后的功能。所以，相火的功用是五脏、六腑、营卫、经络的总领。如果没有五脏、六腑、营卫、经络，自然也就没有其总领。"相火"的用是"三焦"。换个表述方法，生命的先天之源叫"元阳"，后天叫"相火"，"相火"的功用是"三焦"。"焦"是什么意思？是火的功用产生的"象"，大家想一想，一个无形的火会不会把有形的物质"焦化"？"焦"就是看到"火"的用。这种命名用词是只有汉文字才会有的美妙，太美妙了。

下面说一下为什么用"三"来说"焦"，这就要从"相火"说起。"相火"是生命本能推动一身器官、组织生命活动，而一身上下、左右的器官不同，功能不同，一切活动都是"相火"的功用。而且三焦又是一个功能调节系统，表述很困难。如果把"相火"生命本原——元气的功能分为上、中、下三部分，就方便理解了。所以，把"焦"分为上焦、中焦、下焦。大家再看三焦的表述：三焦为相火之用，分布命门元气，主升降出入，游走于天地之门，总领五脏六腑、营卫经络、上下内外左右之气；上主纳，中主化，下主出，号称"中清之府"。

三焦分布命门元气，是三焦把生命能量分布到全身各器官、组织、细胞。人体像一个天地，三焦无所不至，无所不在，游行于人体这个天地之间，主宰生命的升降出入，使身体中一切器官、组织的上下、左右、内外功能调节自如，上焦主摄入，中焦主运化，下焦主排出，都是三焦的主宰。三焦是一个"中清"的器官，没有形体，但无所不能，统领周身平衡。这就是让我们认识到锻炼八段锦的作用，不管身体发生什么样的疾病，只要管着自己的嘴，吃对身体健康有利的食物，不要生气，遵循自然规律的法则，加强锻炼，增强自我修复的功能，都能治疗。

中医是中国传统文化中的大智慧，尤其中医的核心是对生命过程的顺势利导与自主调节。对于《伤寒杂病论》，我少年时就会诵读，但不理解，到了青年运用于临床后才明白，它的中心就是：内无热而不受外寒。调阴阳两个病性，用调三阴三阳六经治病，这是它的中心主旨。

生命是大自然赋予的，生命的规律与自然规律一样不可改造，不可对抗，不可替代！只要用顺势利导的方法，任何疾病都可以调治。好比是中国古代的兵法，以"不战而屈人之兵"为"善之善者"，中医是**"以不治而愈人之疾"为"善之善者"**。只要运用调节生命本能系统的方法，哪怕是一个方剂、药膳，疾病都可以治愈。大自然是最真实的，病就是系统的障碍。对系统的障碍顺势利导，疾病就会消失。这就是生命在于运动的核心要义。

重病之时，新生之始

人会得绝症吗？癌症是绝症吗？真的就活不下去了吗？我的答案是——不！1996 年我患了癌症，包括肠癌、淋巴癌、卵巢癌等 5 种癌症，并且已经到了晚期。有人会问，您怎么会得好几种癌症？因为发现时癌症已经严重扩散了。

当时，我是国内小有名气的中西医结合医师，再加上幼时跟随少林寺上德下禅老师父学习禅医，给病人治病时疗效非常独特，效果也非常好。所以，那时五十余岁的我正值人生的巅峰时刻，至少我是这样认为的。但是就在这个时候，我病倒了，一查发现是"绝症"。作为一名国内知名的专家，我的同行听说后主动从全国各地坐飞机过来给我诊病，但是都说没希望了。《黄帝内经》说得没错，**阳极必阴，阴极必阳**！当一个人觉得自己走上人生巅峰的时候，也就是该走下坡路的时候！《黄帝内经》不光可以指导人的生命健康，还是一本指导人生意义的指南。

放疗、化疗折磨得我死去活来，吃抗生素吃得闻到药味就想把肠子吐出来，我从110多斤瘦得只剩下了70斤。每天都有亲朋好友来看望我，他们都说，好好治病，别想那么多。意思很明白，多活一天是一天吧！

我躺在病床上，感到出奇的静。说实在话，几十年都没这么静过了。我觉得以前的我太浮躁了，要强的性格，无规律的生活。那时候由于我治病方法独特，每天看病人从不限号，上午看病能一下子看到下午三四点，下午看病能看到晚上八九点，在诊室里一坐就是七八个钟头。国内就不多说了，我还经常应邀到美国、德国、日本等几十个国家讲学，台下经常是几万人的听众。

我是在救人吗？是！但是我的功利心太重了，名誉心太重了，虚荣心太重了！我的心迷失了，能不生病吗？现在患了重病，终于有时间停下来想想了。人为什么会患病？

还是《黄帝内经》里面说的，"**阳极生阴，阴极生阳**"。当我的身体进入了"阴极"的状态时，"阳"开始一点点产生了。我要活下去！我在万念俱灰中萌生了一丝阳光。

我出院了，在嵩山脚下，我幼时玩耍的地方，租了一间茅草棚。身体不能动的时候，我就搅舌咽津，进行腹式呼吸。脑子里一遍遍背诵《黄帝内经》里的"上古天真论""四气调神大论""阴阳应象大论"等。背一遍内心感叹一遍，老祖宗留下来的好宝贝啊！小时候在少林寺诵的《般若波罗蜜多心经》，总共 260 字，我背得快点，不到一分钟就背完了。但是躺在床上再诵背的时候，发现字字珠玑。我一个字一个字地去**"如切如磋，如琢如磨"**，越诵越有味道。还有《童蒙止观》《药师经》等，都是大智慧啊！

我明白了一点，佛的身后为什么是一颗太阳，或者说是一面圆镜？是要教导我们自己要像太阳一样，去温暖自己，温暖他人。是要教导我们的心要像镜子一样，照耀万物、一尘不染。无论遇到多少不顺心的事，无论做多少好事，都要放下，一丝不留。**"心静百病消"**才是真理！从那以后，我每天都早早起床锻炼身体，每天都想着自己要像太阳一样，我的身体里充满了能量，我的身体开始变得生机勃勃！

能坐了，能下床了，能爬了，能站了，能走了，能跑了，我真的就像个婴儿"三翻六坐九爬"一样经历了重新的成长。我的身体好起来了，谁来看我都说是奇迹。但是我知道，是那股子温暖让我身体里的阳气杀灭了癌细胞，让我重获生命。

我不能仅温暖自己，还要去温暖别人。1998 年，我将自己在美国、意大利等国家以及港澳台等地区的康复机构卖掉，有 3000 多万元人民币，复建了郑州西流湖的佛光寺，在河南省内捐献了 32 所希望小学。我看着学校建成，孩子们背着书包在校园里跑跑跳跳；看着佛光寺里人来人往，这么多人能找到心灵的寄托，我特别高兴。以前我出去讲课，别人看到我是一种尊敬。尊敬是冷冰冰的，它是属阴的。但是现在别人看到我，是一种发自内心的高兴。高兴是温暖的，它是属阳的。我每天像是被一个个火炉包围着，温暖着！我也越来越快乐，每天身体都有使不完的劲儿。

在本书里，我会将少林一指禅独特的治病法进行简单的归纳整理，**"经络通，定死生！"**希望这些方法对患有相关疾病的人有一定的启发。我还整理了少林寺的一部分锻炼方法，这些锻炼方法对帮助我战胜癌症意义重大，希望对身患疾病的人有所帮助。

到现在，2019 年，距离我发现癌症已有 23 年了，我的身体非常好！我仍然经常去给人看病、讲课，但是我都分文不取，有人给钱了，就去捐学校，盖寺院。我每天都开开心心的、温温暖暖的！

温暖让我们阳气充足，让我们离苦得乐！当我完成这本书的时候，正值除夕，新春的爆竹燃放起来，春天来了！

酒色财气，耗伤阳气

> 酒色财气四道墙，人人都在里面藏。
>
> 若是跳出墙外面，不是神仙也寿长。

每个人都希望健康长寿，可是生命有其自然的保养之道，若是违背了这个道理，必然会伤害健康，折损阳寿。酒色财气便是需要在一生当中时时规诫的四大危害。

首先讲一下我们佛家是如何看待酒色财气这四个字的。

作为一个出家人，酒肯定是不能喝的，犯酒戒要被逐出山门。

"色"在佛教当中可以理解为一切事物，我们通过眼睛看到的，通过耳朵听到的，都可以归为"色"。比如说一座山，一幢房子，一棵树，鸟叫的声音，溪流的声音，世间的一切，都是色相的代表。但如果仅仅是为了健康长寿，无意于追寻宏广博大的佛法，这个"色"通常可以理解为女色。当然，不管是哪种理解，都是要戒除的。对于女色，不可触犯戒律；对于世间万象之色，不可有执着之心。

"财"指的就是钱财，在我佛门中，钱财乃身外之物，与粪土无异，不可起贪恋之心。

"气"指的是人身之气，生命的本源，真如本性之体。人有妄想分别之心，就会动气伤身。比如两个壮士比拼武力，尚气斗勇，傲心动气。佛家以修心为要，尤不可动气。

酒伤阳气易生病

爱喝酒的人都知道，喝完酒过后会觉得浑身发冷，为什么呢？喝酒的时候身体兴奋、血管扩张，当时感觉身体热乎乎的，但是这不是一个正常的现象，身体的阳气快速消耗，过后当然会感觉冷。而你让自己快速地燃烧了一阵子，能不减寿吗？《黄帝内经》有言："**以酒为浆，以妄为常，醉以入房，以欲竭其精，以耗散其真，不知持满，不时御神，务快其心，逆于生乐，起居无节，故半百而衰也。**"这句话的意思是说：人们把酒当作水浆，滥饮无度，使反常的生活成为习惯；醉酒行房，恣情纵欲而导致阴精竭绝，耗散其真气；不知道小心谨慎地保持精气的充满，不善于统驭精神，而求一时的快感，违逆养生之道，起居不规律，所以到五十岁就衰老了。这里面强调了今人之所以在 50 岁就会显得衰老，在很大程度上是因为饮酒和纵欲。

色伤心肾易减寿

前面说了，色指的是物欲。我见过很多企业家，拼死拼活挣钱，买房子，养女人，买豪车，脖子上挂着粗金链子，出门有保镖。这些有钱人倒也罢了，还有很多没钱的人，借七大姑八大姨的钱买房子，一个月挣的钱大部分用来还贷款，吃不敢吃，穿不敢穿，活得跟乞丐一样。试想一下，房子是你的吗？车子是你的吗？天天过得那么累，能长寿吗？我患癌症，躺在病床上，有多少钱都花不了，房子也住不了。所以，这些都是身外之物。不要有执着心，过去心不可得，未来心不可得，要活在当下。

钱够花就行

在俗世之中，钱财乃安身立命之物，没有钱财就没有衣穿，没有房子住，总之是衣食住行，样样都离不开一个"财"字。拥有大量的钱财就可以拥有高的社会地位，子女也可以接受好的教育，几乎可以这样说，拥有了钱财就拥有了一切。有位居士，经常给寺院里捐钱、送粮油米面，但都是来也匆匆去也匆匆。这位居士的父亲做地产生意，给他遗留了几辈子也花不完的钱，按道理讲，他应该每天看看风景，晒晒太阳，自然愉悦，安静祥和地度过这一生。可是他并不这样想，他觉得他应该努力拼搏，去获得更多的财富。他的生活非常不规律，常常通宵达旦地处理事务，许多时候连饭也顾不上吃。我告诫他，别把理想跟对钱财的追求混同起来，人要有追求，要把公司做强做大这没错，但是不能舍本逐末。终于有一天，他倒下了，轻度脑出血，在医院急救后留下了一点儿后遗症，说话不清楚。他来寺里趴在我腿上一顿大哭。我说："哭了好，知道错了才会哭。你要按照《童蒙止观》里的'**止乃伏结之初门，观是断惑之正要**'去修身、修心，现在知道错了就把贪嗔痴这些'伏结'烦恼停下来，重新认识自己，断除迷惑，这才是得大智慧。'**诸恶莫做，众善奉行**'，展现人生价值和社会价值的人生观，人身难得，要发挥真正的智慧去服务人类、服务社会，不空过一生。"

后来，这位居士到医院去做言语康复，一周来寺里一次，半年言语功能就恢复了。后来他再做生意，不喝酒，能吃亏，讲信誉，不计较，生意反而越做越大。

现在是市场经济时代，人们生活的中心往往以赚钱为主，可是在赚钱的同时，不要生出贪心、执着心、怨憎心、嗔怒心，要不然会影响到人的心理和身体健康，钱财永远都无法与人本身的健康和快乐相比。

气大伤身

关于"气"，需要讲的是最多的，因为花花世界、红尘俗世有太多的事情可以让人动气。有一句养生谚语叫作"**不动真气不上火**"，意思是人体内的气应该和顺地蓄养，善加保存。如果频繁地动气，一是会伤及脏腑气血，二是会消耗人体阳气。**得阳者寿，失阳者夭**。在一般人看来，这些都是小问题，但是平时不注意小问题，阳气消耗得多了，到了气若游丝、病入膏肓的时候才能幡然醒悟，原来人的生命运转，全靠这一口气在维持。海洋能成其大，全因为它是由无数个小水滴组成的，人体也是一样，盛壮之时不要仗着自己强壮就无所顾忌地消耗阳气。为什么有的老年人到了 80 岁仍然腰背挺直，牙齿坚固完好，童颜鹤发，精神矍铄？就是因为他们平时懂得为自己的寿命做加法。不善动气，保存固封体内的能量就是在做加法。

为什么有的人才五六十岁就弯腰驼背，牙齿松动，手足僵木，行动不便？那是因为他们平时生活不注意，总是在为自己的寿命做减法。身体潜藏的元气虽多，但是今天减一点，明天减一点，几十年减下去，自然就会衰竭了。

另外有句话叫作"**中年戒斗**"。人在中年，身体发育到巅峰，筋肉丰隆，骨骼强壮，气血充足，所以容易发生恃勇斗狠、比肩论强的情况。其实"中年戒斗"戒的是什么？归结起来，还是一个"气"字。

比如，别人生活过得比自己好，会不会动了嫉妒之气？一个月自己付出了很多，发工资的时候却没有达到自己的要求，会不会因为这点得失而动气？再或者年轻人情场失意，会不会动了悲观消极之气？等等。俗语曰：**人生在世，不如意事常八九，可与人言无二三**。还有一句话叫作"众生皆苦"。人生本来就是拥有许多苦楚的一段旅程，只有用大智慧的心态去迎接、面对、看待，才能从小的悲苦世界里走出来，积极、健康、快乐地过完生命中的每一天。

心不安定，如何离苦得乐

不知道大家有没有想过一个问题，我们的内心整天被外界的事物困扰着而感觉焦虑不安，这是不是一种苦？

现在的社会太浮躁了，焦虑、失眠、身体"亚健康"的人比比皆是。大家都觉得这样不好。但为什么会出现这样的情况呢？是两个原因造成的。一个原因是社会节奏加快。一个人从出生到幼儿园，再到小学、初中、高中、大学、毕业工作、恋爱结婚、养育子女、子女成家、下岗退休，要经历太多的学习，太多的波折，太多的抉择，太多的困扰。短短的几十年时间，全被安排得满满的。一个人的正常生理机能是有限的，如果让他经历太多，甚至在许多时候超越了生命本身的负担，那么他就很难以一种轻松愉悦且完全可以胜任的心态来走过这一段生命之路。

还有一个原因是攀比心在作祟。整个社会都在比，家长在比较谁有钱，谁去接孩子放学的时候开的车比较名贵。孩子在比成绩，等到稍微长大一些的时候，渐渐有了功利心，比谁的家庭富有，底子优厚。谈朋友要比男朋友是不是有钱，女朋友够不够漂亮。结婚的时候，谁的彩礼丰厚，谁嫁了一个有钱人，谁嫁了一个穷小子。

工作之后，同学聚会一年比一年少，为什么？觉得混得不好的、没赚到钱的没有脸面再去上那个台面，混得好的就以一副大哥或大姐的样子自居，里面的人情冷暖、世故是非总会在人的内心之中留下疤痕。

我是中华人民共和国成立前出生的人，小时候经历过很多苦，吃不饱，穿不暖，12岁的时候自己一个人来郑州找父母。可是，现在回过头想想，那时候虽然衣食有忧，但是也有乡间的小路、淳朴的大叔大婶，也是一种快乐。

"如来藏自清净心"！

世界虽然纷扰，但我心定如磐石，自然就没有焦虑和迷茫了。一般人很难达到这样的境界，但是只要你朝着这个方向努力，渐渐地就能拥有一份清净心，超脱苦难。好好地认准对他人、对社会有益的一件事情，然后把它做好。不要跟别人比较，有的人从一出生就注定有许多的财富，有的人一生劳苦奔波，所得者仍极为有限，各人自有缘法，因果丝毫不差，种瓜得瓜，种豆得豆。把生命把握在自己手中，**世间没有无缘无故的爱与恨、贫与富，一切皆是缘**。知道了、明白了这个道理，就自然知道怎么做了。看开了，看淡了，内心自然也就清静了。

妄想多，心不安定是种苦！禅是安定，得清净心者得自在。

敢问路在何方——路在脚下

把走路专门列出一节来讲，大家觉得没必要，一岁多的孩子都会走路，有什么可说的？其实不然！佛家讲，走路要行如风，目不斜视，心无旁骛。为什么要这样呢？其实还是为了修心。百病起于心，如果想要有个好身体，首先就要有个好心态。

走路要稳

为什么要稳？气行则血行，气不畅则血瘀生百病，心净自性光明则阳气足。当一个人走得稳的时候，内心就处在一种空无的状态，在这样的状态下，身体气血就会良好运转。如果走得太慢，内心处于空闲散漫的状态，一是容易生妄想，二是容易被外界干扰。人在想事情的时候，体内器官调动精血凝聚于大脑，这样不利于气血自然流转，所以久思伤脾。如果内心被外界干扰，就打破了空无安定的状态，这样必然心有挂碍，在一定程度上对脏腑和气血的运转都有影响。所以，走路要目不斜视，只看七尺远。

要目不斜视

目不斜视包含的内容比较多，但本质还在于"收心"二字，比如说，路上有一美女，长得眉清目秀、唇红齿白、身材丰盈、摇曳生姿，观者若是一名男士，往往由于定力不足忍不住多看几眼，多看之下便自然而然地动了淫心，这样就会对身体产生不良的影响，可以说是偏离了健康长寿的正途。再比如说，路旁有卖吃的，你一看就忍不住想吃，倘若心有所欲而现实又不可得，就会在心中留下亏空和遗憾的感觉。如果实实在在地买来吃，明明已经吃过饭了再食用如此厚腻之物，对脾胃消化以及身体代谢都会产生坏的作用。世间有千万种的诱惑，为之所动者，仅为一心，所以如果走路的时候能够做到目不斜视，收回在世间游荡的内心，对健康是有所帮助的。只有心不乱，才能百脉通达身体好。

吉祥卧，眠中寿

睡眠占了人生三分之一的时间，每个人都需要睡觉，但是对于该以什么样的姿势去睡，知道的人却并不是很多。今天给大家介绍一下佛家推崇的吉祥卧。具体方法是：右侧而卧，身体自然弯曲，右手放于枕上，左腿搭于右腿之上，一般情况下，左腿弯曲的弧度要比右腿弯曲的弧度稍大一些，左手则安放在左腿膝盖上。

这样睡觉有几个好处：

一是这种睡姿整体比较畅顺，不会对气血循行造成阻碍。举个例子，比如某天皮带勒得紧了，你觉得全身不舒畅，把皮带松开后，气血自然流通，你立刻会感到身体轻松舒泰。睡觉也是一样，只有保持气血的高度畅通，才能睡得安详。

二是利于消化。人的胃与肠道相接的地方，在身体的左侧，靠右而卧，不会影响消化机能的发挥。胃里的食物经过加工之后，会很容易地顺着胃腔流动到肠道里面，不会因为姿势的问题导致食物堆积在胃中不能消化而影响睡眠。**胃不和则卧不安**，如果一个人的胃中堆积许多食物，他的睡眠质量肯定不会好。

三是利于心脏。心脏在左侧，处于相对比较高的位置，保持这种睡姿，睡觉的时候不会感觉到受压迫。有一次我在古禅寺给 200 余位居士讲课，其中讲到吉祥卧这种睡眠姿势，后来很多人反映对睡眠有很大帮助。

说过了吉祥卧，再给大家讲讲不正确的睡姿。睡觉的时候不要趴着睡，佛家将这种睡法叫作"饿鬼睡"。其实这非常有道理，一个人习惯趴着睡觉，说明他脾胃多有不适，趴着睡可以按压脾胃，让他舒服一些。所以，如果你经常趴着睡，就说明你的脾胃可能有问题了。

吃饭"止语"，感恩一饭

到寺院里用过斋饭的人都知道，门口大多写着"止语"二字。寺院吃饭的时候，一群人一排排的，各自吃各自的饭菜，没有人会说话，有的只是筷子与瓷碗触碰的声音。

小时候，师父教导我：吃饭时左手要把饭碗端起来，左手大拇指抠着碗边，其余四指抠着碗底，如龙含珠；右手拿着筷子，如燕点水。吃饭时要坐姿端正，要一次夹一点点，不要夹太多，更不能狼吞虎咽。吃第一口饭时要发愿：**愿断一切恶，愿修一切善，愿度一切众生**。所以，吃饭时不能说话。

从医学生理学讲，吃饭要细嚼慢咽，增加口水，也就是唾液，它是人体第一道抵御外来物危害人体的防线，对食物中有害人体的及不需要的物质进行杀菌免疫，助脾胃消化。

人要生活在感恩的世界里，所有的食物要经过很多人的辛苦和付出，才能吃到自己嘴里，所以要心存感恩、报恩，提醒自己时时要想着服务大众和社会。不说话，净心，反思吃饭的意义是什么。

一是计功多少，自己做了多少有益于他人和社会的事。

二是量彼来处，这些吃的要经过多少人的付出才能到自己的嘴里。

三是忖己德行，今天做的好事多还是利己的事多，配不配吃这口饭。

四是全缺应供，无论起心动念、言行好坏都要吃饭。

五是防心离过，要时时刻刻守心正念，因果丝毫不差。

六是念等为宗，命运把握在自己手中，圣凡一念取决于心。

七是正事良药，吃饭是为了强身疗体，有一个好身体才能展现人生价值和社会价值。

八是为疗形枯，为成有用之器、国家有用之才，为成道器，应受此食。

总之，吃饭是为了滋养身心，更好地回报社会，展现自性光明的作用，而要想真正地展现生命在这个时空中的自性光明作用，就要找到真心。如若找不到真心，就会每天从早到晚都是一个我，我应该这样，我应该那样；我的对，你的错；我伟大，你渺小；什么都想以自我为中心，左右他人，心里如有不如意，自心会想，怎样才能不择手段达成目的，甚至不惜违背天理；明知不对还抱着侥幸心理去做不该做的坏事。这些都会给自己造成心理上和身体上的痛苦。

在生活方面，人应该遵循自然规律的法则。《黄帝内经》说：食饮有节，起居有常……恬淡虚无，真气从之，精神内守，病安从来？

我的师父，德高望重的少林寺上德下禅老和尚常教导我们弟子，做人若不能帮人，或没有帮人的本领，枉活人生。反观现在人，该吃饭的时候不吃，该休息的时候不休息，饮食根据自己的欲望来吃，管不住自己，大吃大喝，最后落得一身病，所以说病是自己吃出来的，祸是自己招来的。如能日出而作，日落而息，照医圣的经验教导来做四季养生法，发挥真心的作用，每天都能活得快乐无比，怎么会生病呢？即便有点小毛病，又能算什么呢？

现在，很多人加入到晚上不吃饭的行列。晚上不吃饭，一天之中，只吃早餐和午餐。原因很简单，早上七点到九点是胃经当令的时间，九点到十一点是脾经当令的时间，脾经胃经当令是人一天当中消化机能最强的时候，所以应该适当吃一些比较有营养的东西。而中午是人一天中阳气最旺盛的时候，此时应该适当多吃，以满足身体一天对营养物质的消耗及需求。早上日出，阳光灿烂，阳气充足，这是大自然的规律。人是小宇宙，也是这个道理。日出而作，就是要吸收大自然之精华，万物才有精神，身体才能健康。

而到了下午，人体阳气慢慢内收，太阳落山的时候就要好好休息了，所以下午至夜间这段时间，人体的消化功能一直处于下降状态。如果这个时候再去吃很多东西，必然造成难以消化的后果，许多消化未完的食物在体内宿留，一是伤害消化系统，二是身体要消耗大量的阳气去代谢这些物质，会造成对阳气的损伤。再者血液聚集在肠胃里面，内脏和大脑及其他组织就得不到充足的血液来对耗损了一天的身体进行修复。所以说，过午不食益于健康长寿。

当然，对于患有贫血或气血不是很充足的人来讲，晚上还是应该适当少吃一些比较容易消化的食物。总之，要因人而异。

过午不食，还要注意营养均衡，也就是讲究饮食多样化，平时瓜果、蔬菜、粮食等都要吃一些，不能总是单一地食用一种或几种食物，饮食搭配要全面。除此之外，饮食要尽量清淡，生冷寒凉的东西对脾胃伤害比较严重，尽量少吃。暴饮暴食更不应提倡，吃到七八分饱最好。

真学真干，万事随缘

少年时，师父对我的要求非常严格，要求我会背诵《伤寒杂病论》《黄帝内经》，不仅要会背诵，还要明白其理。师父还给我们讲如何做人，人是什么概念，怎样沿着圣人名言教育之路勤奋、吃苦，战胜自我，服务大众，解除大众病苦。

我记得最清楚的一件事，我15岁的时候，师父问我《伤寒论》会背了吗？我回答得很快很干脆："会了！"师父又问，人的病是怎样来的？我不假思索地回答，不好吃的不吃，好吃的吃太饱，就会生病。师父听了瞪了我一眼，又问我，为什么这本书的名字要叫《伤寒论》呢？我马上又回答，内无热而不受外寒。师父笑了，教导我说，只要把这本书读透，明白了其中的奥义，人的病很好治疗，只要顺势利导，不超过十味草药就能治好。

就因师父的问题没回答好，我哭了三天，反复想师父教的治病规律和方法。师父用这样的方式教导我如何做一个好医生。就这样，中间不知流过多少泪，常常恨自己粗心、不认真。所以，回想起来，我能有今天的本领和成就，都是师父严格严厉教导的结果。师父常说，要想成就，就得懂什么是付出，知道付出，才会得到。

我1996年病倒，又返回少林寺，拜在上素下喜老和尚门下。当时师父不给我剃度，因我病情太重。他说："知道什么是出家吗？"当时我不理解，心里想，我一心想着专业工作，全心全意为病人，爱病人如亲人，我太累了。到寺院可以没有人打扰，活得清净自在，什么都不用再做。

这其实是错误的想法。

通过学习大藏经，我才知道祖师大德出家的伟大思想，不仅是觉悟人生宇宙真理，还要真心实意地战胜自我执着带来的一切痛苦，还要舍身无我地为众生解苦，还要一日不劳、一日不食地干事，这是**福慧双修**。自己太渺小了，太自我了，才差点送了小命。

^上素^下喜师父是我的剃度恩师，为我起法名"真空"。我当时也不理解，师父说，要真学真干，但要知道"了不可得"，一切即空。空也要做，不做就白做一回人，枉来一生。当时真的不理解，我生病就是因为太累，才来出家的，师父为什么这样说。看了大藏经，我找到了自己的病因，放下自我，忘身求法，舍身做对他人、对社会有益的事，不为所求所得而做，万事随缘，不求缘不攀缘，有多大能力做多大的事，不依不靠，不给自己包袱和压力，活得快乐自在，这才理解师父起的名字的意义。

我的字号是行贵，当时我也想为什么起这个名字。"行"是少林的辈分。"贵"是什么意思？回想^上德^下禅恩师的教导，不仅要刻苦学习，掌握服务他人的本领，还要严格要求自己，不高傲自大。当时师父教我背的唐诗中有一首这样说：

高高山上一枝花，花笑青松不如他。

有朝一日寒霜降，只见青松不见花。

师父说，花再好也不能长久，所以不能高傲自大。要想成器，必须能忍，要像青松一样：

咬定青山不放松，立根原在破岩中。

千磨万击还坚劲，任尔东西南北风。

明白了这个道理，我就真的放下了，放下了金钱、名望，心真的净下来了，再去锻炼，病就一天天好了起来。

人是万物之灵，切勿虚度此生

什么叫不虚度人生？我今天跑步两公里，明天学习了一下怎么做馒头，这是基本的生存本能。干一行爱一行，爱事业如爱生命，如齐白石学习国画几十年，最终成为一代大师，流传佳作不计其数，影响了一代又一代的画家，这就是真正的人生。释迦牟尼佛抛妻弃子，苦修多年开创了觉悟真理的佛教，成为地球上真理教育的圣人，几千年盛而不衰，弟子发型一样，服装统一，"还没底薪"。

一个人来到这个时空，人身难得，我即得，就要以人的标准来完成短暂的人生，服务社会和他人。为什么？《易经》里有一段话，"人"肩负着宇宙中"万物之灵"最高内涵的称呼。所以，我们就要积极努力地发挥自己的精神、智慧去创造自己的人生价值和社会价值。是"人"就要具备这三条：一是永恒言说真理；二是普遍行为要遵循自然规律的法则；三是终极的思维逻辑。不然称不上人，仅可与动物类同。

什么是真理？真理就是爱。

我认识一位信士，他的职业是写剧本。有段时间他要写一个少林题材的故事，于是天天到寺院里来，一来二去，我们也就熟识了。我看他一身文气，话语间用词不俗，便问他从事何职，他说是写剧本的，要弘扬少林文化，我听到后就比较开心，对他说我从小在少林寺长大，对少林太熟悉了，有什么需要都可以跟我讲。他也不客气地说道："我正想找一位师父领路，没想到刚好遇到了你，你要好好帮忙才是。"我一口答应下来。今天带他参观，明天讲禅宗祖庭禅修法，后天论武功，我忙的时候就丢下他一个人，不忙的时候就跟他讲关于少林的许多事情。

后来了解到，他从小就对佛学文化与写作非常感兴趣，他坚持读书，笔耕不辍，连续十余载，后来终于打出了一些名堂。在成功之后，他非常想完成自己的梦想，写一部关于少林文化的书。一连大半年的时间，他几乎每天都到寺院来，也不管刮风下雨或是下雪，丝毫不能影响他的脚步。考察完临走的时候他跟我道别，说道："等书写出来了一定送你一本。"我笑说："你若有心，我们自然还能相见。"

大约过了有两年的时间，我又见到他。他拿出出版的书给我看，我就恭喜他，他说要谢谢我才对。阔别一番长叙，他讲了许多关于写作的事情，后来说有事要走，这次只是路过，想起了师父，所以就把书带了过来。

他走后，我拿出书来看，语言古朴却又自然而然地带一股佛家气息，不由得深深替他高兴。这是他的成就，是他的人生价值和社会价值。

人要有正确的人生观，只要能吃苦，就一定能有所成就，造福人类和社会。

有定力有智慧，才是成功真谛

咱们先来读《童蒙止观》里的一段话：**声闻之人定力多，故不见佛性。十住菩萨智慧力多，虽见佛性而不明了。**

什么意思呢？有些人定力虽然比较强，但是没有智慧，糊里糊涂的，所以不能修成正果；有些人虽然有智慧、很聪明，但是定力不够，虽然见到佛性也是模模糊糊的。

这句话其实是在教我们做事的真谛。

一个人要想成功，得有定力，得有将铁杵磨成针的意志。但是光有意志也不行，还得讲究方法。我患了癌症，到了晚期，为什么就能战胜它？

要有定力，我患病的时候住在嵩山脚下，我每天都要往山上达摩洞那个方向爬。天天爬，身体越来越好。人要有定力，不要被别人的言语左右，不能别人说你坏，你就怒，就恨。

当然还要有智慧，我不是盲目地相信自己能抗癌成功，我对禅、对中医、对西医都有较深的认识。我知道自己的身体需要什么！放疗，化疗，吃抗生素，到后来我连一点稀饭、炒菜油的味道都不敢闻，后来我看到牛羊吃野草都吃得肥肥壮壮的，就让弟子把野草榨成汁给我喝。我每天调呼吸，拍打经络。

所以，一个人做事情，想要获得成功，需要一定的定力，不能因为别人一些可有可无的话而动摇自己的真心。同时还要去找方法、找规律，只有这样才能获得成功。

佛光寺的禅堂里挂着几副字，是一位很有名气的书法家写的，他的字隽逸圆融，自成一派境界。他给我讲了他练字的经历。他说他的父亲非常爱好书法，从小就培养他，本来他对书法不是很感兴趣，但是日子久了，就慢慢产生了感情。经过长年累月的练习，他的字越写越好，有的时候，他会观察一棵树、一片湖水、一座山、一桩房子，甚至是一套拳法、一道菜、一篇文章，把这些事物的意蕴全都融入书法。所以，他对书法的感悟也非常深，也就有了这一手好字。

在 20 岁的时候，他遇到一位油画家，这位油画家看他很有艺术天赋，就想教他学画油画，还说，中国会写毛笔字的人有几千万，写到头有啥出息？结果他心动了，回去告诉了自己的父亲。他的父亲说：一个人一定要有定力，如果是三心二意，一生也难以有所成就。他苦恼了几天，最后还是决定听从父亲的意见。他把决定告诉了那位油画家。油画家深感惋惜，但也无可奈何，就激励他一定把字练好，也不枉相识一场。从那之后，他二十余年如一日勤奋练习，才有了现在的成就。

其实世上的事都一样，自己的内心要有定力，不为外界所动，加上智慧，就一定能走向成功。

如具博学智慧，何需假话骗人

有句话，十有八九的人都听过，那就是"出家人不打诳语"，意思是出家人不能说假话。为什么？你对一个人说一句假话，内心就会产生不安、愧疚等不良情绪，你再见到这个人的时候，内心仍然会产生负罪感，甚至将来有可能要用更多的假话来圆现在的假话。

在这里也希望大家不要打诳语，但是我知道这很难！

不过，大家想过一个问题吗？为什么出家人不打诳语反而受人尊敬？现在这个社会大家你骗我我骗你，反而都感觉得累。

在这里告诉大家一个不打诳语，让你也能倍受人尊敬的秘密，那就是提高你的智慧。给大家讲个故事吧！在《理惑论》中，问者站在儒家"身体发肤，受之父母，不敢毁伤""不孝莫过于无后"的立场，指责佛教"剃头去须""弃妻子、捐财货，或终身不娶"违背了孝道。佛学家牟子则指出"苟有大德，不拘于小"，认为沙门捐弃家财，抛开妻子，不听五音，不视五色，可以说是恭让之至，"何违圣语，不合孝乎？"然后，牟子举了周朝的泰伯为了不与弟争王位而断发文身逃入吴国，孔子称其"可谓至德"。

所以，如果你发现自己需要通过说假话才能跟人交往的话，那不妨多读书、多学习，提高自己的智慧。这才是处世、修心、养生的大智慧。

另外，出小家进大家，日日、月月、年年学习，做圣贤之学生，了解宇宙的奥秘、生命的真理，遵循自然规律的法则，明理地球上的所有生命都是同呼吸、共命运的。**所有的人都是我们的亲人，爱他们就是爱自己，帮助他人就是帮助自己。**把学到的真理传送于社会上的所有人。以上是圣人之教，这是真理，是真实语，不能妄语，不欺众生，永传后人。

因果丝毫不差，莫去伤天害理

你知道自己怎样才能成为一个健康人吗？说说我遇到的一个居士的真

事吧！这个居士有一儿一女，本来应该很幸福的。可是他从小就重男轻女，为此，他对女儿从小就非打即骂。五十多岁的时候，他两侧股骨头坏死住院，医生说需要大约 10 万元的手术费用。

这个居士听完后回家跟儿子商量，没想到儿子手里没那么多钱。他又给女儿打电话，可是女儿也说没钱，三言两语就把电话挂了。他很绝望，可是病又不能不治。于是，他又托村里的干部找到女儿来调解这个事。终于，儿子和女儿各凑了 5 万元钱，把手术做了。不过手术过后，女儿告诉他，这 5 万元钱是报答他的生育之恩，以后再无父女关系。

居士做完手术，恢复得很不错，但是一直有个心病，就是他的女儿。他来找我问怎么办。

我说，什么是健康之人？一是诸恶不作，众善奉行。就是不要去做坏事、违背良心之事。因果丝毫不差，你怎么对待你女儿，你女儿就怎么对待你！当年种下的恶因，现在就会结出这样的苦果。这你得接受，从现在开始，你就不要去做这种恶了。那做了怎么办呢？二是恶能悔己。做了这种恶事了，那就去忏悔，就去改过。

居士回家后数次到女儿家，有时候自己去，有时候和老伴儿去，有时候和儿子去。初时女儿不让进门，后来让进门了，再后来女儿也偶尔回家来看看他们。

我们要想做个身心健康的人，亦应如此，不管是对亲人，还是同事，或不认识的人，都不能去伤害对方，更不要故意去做恶事，去欺骗人、骂人、打人，等等。如果以前做了恶行，那就去忏悔，去求得他人的原谅，这样才能离苦得乐，福德同享。

人生所需有几何，觉冷再加一件衣

家家有本难念的经，在这个世界上没有完美的家庭，人生不如意事十之八九，所以家人中除了情智尚未成熟的儿童之外，每个人都要学会去包容他人的不完美。

家庭是温馨的港湾，为什么温馨？因为每个人在这里都可以获得许多他需要的东西，物质的、情感的，等等。所以，每个人都要懂得付出。

家和万事兴，和睦能生财，和睦有利于身心健康。每个人在包容、获得、付出的同时，还要控制自己的脾气。往往对于越是亲近的人，人们越不太注意控制自己的情绪。

给大家分享一首我最喜欢的宋词：

> 茅檐低小，溪上青青草。
>
> 醉里吴音相媚好，白发谁家翁媪？
>
> 大儿锄豆溪东，中儿正织鸡笼。
>
> 最喜小儿无赖，溪头卧剥莲蓬。

这是古人村居的生活写照。可以想象一下，一个白发苍苍的老人，有几间茅草屋，可以遮风避雨，有一个大院子，那是享受天伦之乐的地方。或许院子里种有几棵果树，当果子成熟的时候，家里每个人的脸上都会有几分喜悦，很淳朴、很自然的喜悦。或许院子里面会有一个草亭，一家人可以坐在一起过中秋节，桌子上摆的有月饼，有自己收获的水果，有大儿子种的毛豆，有二儿子把养肥的鸡带到市集上换回的几样小吃。月亮像一个银盘，照得大地生辉，小儿子则顾不上许多好光景，一心只留恋桌子上的各种食物。这个场景是多么美好？

大儿子种了几亩豆，草长得比较茂盛，眼看要影响一季的收成，于是他便扛上锄头到田地里除草，天气很热，他出了许多汗，但是连日劳作，草终于被他锄光了，他的内心是比较满足的。二儿子对养鸡比较有一套，在家里编织鸡笼，他的心中一定怀着希望，把笼织好，将来鸡可以下许多蛋，可以孵化许多小鸡，一年下来，会有不少的收获。小儿子则还处于不懂事的年纪，天热贪凉，揪了一堆莲蓬，坐在树荫下剥着吃。

老翁心里记挂着儿子，所以他们在做什么，他心里都很清楚。但是他心里是愉悦的、舒畅的。虽然只是一般的农家，但却能做到老有所养，幼有所教，中年则有所为，非常难得！可以看出，这首词中的老翁懂得持家，并且对人生有着豁达的态度。这和佛教的教义有许多相近之处。比如说，他的小儿子在外面玩耍，他心中知道，却不加干涉，反而有一些喜悦，可谓是顺其自然，让他有一个天真的童年。这当然是要比执着于利禄功名好得太多。

有一个冬天，佛陀仅穿了一身单衣，打坐了几刻钟后感觉身体冻得受不了，于是跟徒弟说，再加一件衣服吧。又打坐了几刻钟，身体还是冻得受不了，又跟徒弟说，再加一件衣服。再打坐时，不感觉冷就不再加衣服了。人生亦是如此，吃的，穿的，够用就好，甚至稍紧张一点也好。

持家有道，福泽自生，不管是古人还是今人，如果学会了持家，人生的受益必将是无穷的。**知足者常乐，万事随缘**。

人生诸事难割舍，万事随缘自得乐

诸事随缘，勿生执着心，戒除贪嗔痴三毒。

一切顺其自然，随遇而安，则无事萦绕于怀，自然能体会生命的本真快乐。有一位女信士，她有一儿一女，儿子已经成家，女儿也到了将要谈婚论嫁的年龄。她非常偏爱女儿，一方面因为怀女儿的时候她年龄已经很大了，得来非常不容易，另一方面是因为女儿和她非常合得来，性情相仿，容貌多似，更兼漂亮温柔，仿佛就是老天眷顾，赐给她的一件礼物一样。

可是，她却犯了愁，因为女儿大学毕业后，跟同学谈恋爱，她也见过那个男孩两次，品相、性情、工作都非常满意，唯一不好的地方就是男孩子家庭是其他省份的，离自己太远，想起那千里之遥的路途，她心里就觉得好像是在茫茫人海把女儿丢失了一样。她不知如何是好，便到我这里寻求解脱。

我说："世间的事便是如此，人与人聚了散，散了又聚，分分合合，皆在一个缘字。你与女儿是天然的母女之缘，你女儿与她男朋友又是一段难解的姻缘，女儿终究是要嫁人，倘若你执着于你们母女之间的缘分，而破解了她们之间的缘分，必然难以开心快乐，你女儿也必定不会快乐。倘若你能随势而为，成就了这段姻缘，岂不是一举数得？行善者心安，你现在心里不安，就是因为现在在种恶因。任何时候，你都要让自己像阳光一样，去温暖别人，去照亮别人，要发自内心地让别人好！"

她听了我的话之后，沉默良久，说道："师父讲得有道理。"又过了两个月，她拿着喜糖来见我，说女儿出嫁了。

人生有许多事很难割舍，如果能够看开，一切随缘，内心自然就会少去许多烦恼。

贪嗔痴三毒存在于每个人的内心之中。贪是执着，嗔是执着，痴仍是执着。不过这三种执着更容易出现在生活中，不被人们所注意到，一个人想要快乐，要戒这三毒。比如一个贪官，贪污了许多钱财，他的内心必定难以坦然快乐，从他第一次种下恶因的时候，心中便有了阴影，睡里梦里也难以忘记，所以，他是快乐不起来的。

嗔，简单地讲也就是发怒。如果一个人脾气暴躁，经常发怒，做出许多超出正常情绪范围的事情，那么，他必定也是难以快乐的。因为每个人的内心都有自醒自悟能力，是天性和本能，和这个人聪明不聪明、学识的深与浅没有什么关联。当他自省的时候，就会在心中生出愧疚和惭愧，每每如此，一个人怎么能快乐起来呢？如果他人的语言和做的事不能如自己的意，心里就恨，给对方找麻烦、嗔恨别人，自己心里也永远得不到快乐。

自从1996年发现罹患癌症到现在，我已经20多年没有发怒了，看到谁都开开心心的。但是以前在医院当大夫的时候，我的性格很要强，有时候在病房听到病人痛苦呻吟时，就会忍不住斥责他们："就不能忍忍？"每回想起来，我发这种怒火、讲这种话真是万般不该。

痴，就是不明白宇宙万物都是无常的，没有永恒不变的，总是想把短暂无常的东西据为己有，活在患得患失的痛苦之中。痴，就是愚痴的意思，所以说**"若偏修禅定福德，不学智慧，名之曰愚；偏学智慧，不修禅**

定福德，名之曰狂"。

所以，**如果想拥有快乐，贪嗔痴三毒一定要防之戒之**。

平时在生活当中，我们肯定听过这样的话：助人为快乐之本。那么为什么帮助别人能使自己快乐呢？这仍然要从人的本心上来追寻。人心本来都是有善念的，把善念发挥出来，很自然地就会觉得坦然和快乐，这是最本真的天性，所以说助人为快乐之本。帮助了别人，自己也会觉得开心，可以说是渡人渡己，何乐不为呢？

快乐源自真善美。有句话叫作万法源于一心，其实，真实的、善良的、美的都是每个人所向往的。如果说这些精神层次的东西，能够通过自己的语言、动作，或所做的事情里面散发出来，那么，这个人肯定是会因之而快乐的。

人之初，性本善；性相近，习相远。想要快乐，按照上面所说的去做就可以了。

得在于神静，失在于物虚

我常常跟人说："得在于神静，失在于物虚。"什么是得到？什么是失去？精神安静、内心真实，这才是真正的得，房子、车子等要得太多反而是失。我有一次去南方给一位知名的企业家治病，治完后又给他讲了一些道理。他听后大受益处，非要送我一栋别墅。我听了当场拒绝。他很不理解："一栋别墅好几百万，您不要？"

我回复他说："要这干嘛，我的寺院在河南，你给我一栋别墅，几年我都来不了一次，还得惦记着，多麻烦。你再想想你，别的不说，家里车子好几辆吧？你每天不得想想开哪辆？要是你只有一辆车，哪儿会有这耗心费神的想法？记住，别留那么多钱，多去帮助别人。"

这才是真正的得和失，不要过分执着于事物。

记得有一位居士，他的儿子考上了一所名牌大学的美术专业，这个专业开销特别大，从上初中到高中他一直给儿子请家教。儿子上大学的时候他生了一场大病，实在拿不出钱来治病。我知道后拿出四万块钱给他。

他展开愁眉，诚恳说道："我有钱了一定……"他的"还"字还没说出口，我就回复他："你儿子不仅是你的亲人，也是我的亲人，他是我身体的一部分！天下人都是我的亲人，是我的父母、孩子，是我的前世今生，我不是在帮你，而是在帮助自己。"

他听了当场哭了。

后来，我扩建佛光寺、古禅寺，寺里大雄宝殿的很多壁画都是他儿子画的。

得在于心静，本来具足的智慧，静能生慧。想明白了这个道理，一切事物都能现出本真的面貌，我们更能清楚地看明白自己的内心、自性的光明，这样就可以做到内心平静安宁，没有空虚亏欠的感觉，对一个人的身体健康和心灵健康都非常有好处。如果一个人的内心总是欲望太多，惴惴不安，空虚难平，那么，时间久了，很容易由心理而引起身体上的疾病。一切病都因心不清净。

用奋斗实现自我，用真心生命蓬勃

"郁郁黄花，无非般若；青青翠竹，尽是法身。"这句话是什么意思呢？世间万事万物均是法、不分别的意思，般若是智慧，我们世间万物有情无情都是同呼吸、共命运的。万事万物本来面貌皆同，世间一切烦恼都是人们想出来的，所以做人无须过虑，自己有目标就奋斗，通过工作创造财富，实现自己的愿望。

我在医院当大夫的时候，很多病人挤破头也要找我看病，有些病我并不擅长，病人还是要找我看。我给病人推荐别的大夫，病人还是说就认我开的药。甚至有很多次，出现了让人哭笑不得的事。有个病人来医院找我看病，可是我那阵子出差去参加学术会了。科室里一个年轻的大夫给他看病。大夫开了几剂药，嘱咐道："像你这种病只是寻常小问题，吃了药，休息几天也就好了。"

这个病人半信半疑，回家后，服药静养，药吃了一半的时候，虽然身体略显好转，他仍然过不了自己内心这一关。我出差回来了，他又找到我，让我给他看病。我把他原来的处方拿出来，因为他已经吃了一星期的药了，我把利湿的药去掉了一点，加了点健脾的中药。他回家之后，吃了一周，再见到我时说："还是您开的药管用，我的病快完全好了。"这是什么原因？信，诚信！

所以，做人要讲诚信，信是人生活于世之本。

现代人的生活比较忙碌，每个人的压力都很大，许多人的身体处在

"亚健康"状态，他们往往觉得自己会不会患了什么病。其实，身体有很强大的抗病能力，一般情况下不会有什么问题。但是心理的作用往往会造成情绪上的抑郁，反而对身体产生不良的影响。我们在工作之余可以到外面散散步，想一想快乐的事，只想好的不想坏的，高兴快乐的情绪会引起生理上的变化，会让我们觉得自己的生命力蓬勃旺盛。在这样的心理作用下，自然气血畅通，整个人都会充满活力和希望，即使稍微有一些小问题，也可以在身体自身的调节下，完全恢复过来。

不求不盼，何来痛苦

人生活在社会当中，总少不了麻烦别人，但是应该尽量做到能自己完成就不去麻烦别人。为什么这样讲呢？因为每个人都有自己的事情，如果总是麻烦别人的话，就会对别人的心理和生活造成干扰。为一点事情，如果拒绝别人，碍于情面，不好意思；如果不拒绝，就会给自己带来麻烦，所以这在人际关系当中是浅层次的心灵伤害。时间久了，次数多了，必然会引起别人的反感。倘若别人的反感表现了出来，对自己的心灵就是一种伤害，可以说这种事情是容易造成别人不舒服，也容易造成自己不舒服的诱因。

我以前当医生的时候，出去讲学诊病，别人都是车接车送，我觉得理所当然，说明自己有身份。经历了癌症以后，我的想法有了一百八十度转变。不求不盼，不依不靠，有多大能力就做多大的事，也不给自己压力，这样就不给自己增加痛苦。不种那么多因，不得那么多果。

　　从另一个角度来讲，如果自己明明可以胜任，却让别人代劳，这在自己的内心会落下亏欠感，老是觉得欠别人人情一样，内心便会种下一点点的不安。佛在于修心，如果想寻求健康长寿，在很大程度上也需要修心。像这种导致自己和他人内心不安定的事情，无论是对自己还是他人的身心健康都会产生不好的影响，所以尽量不要麻烦别人。

　　举个例子，山脚下住着两户人家，他们离镇上的市集有几十里的路程。有一天，其中一家的主人要到市集去买东西，早早备好了牛车，可是临走的时候却被邻居拦住了路，请求帮忙捎带一些东西，有大蒜、生姜、小米、陈醋、铁锅等生活用品。赶车的人想："虽然东西比较多，但到底是邻居，俗语说：远亲不如近邻。这次就帮他这个忙了。"

　　于是他高高兴兴地赶着车去了，由于采办的东西比较多，回来的时候，天已经黑透了，他把邻居叫出来，所有东西都卸下来，邻居心中又是高兴又是不好意思。高兴的是，所有东西都带回来了。不好意思的是，害人家这么晚才到家。

　　过了两个月，那个人又赶车到镇上买东西，刚好又被邻居看到了，邻居又让他帮忙捎带东西。赶车的人想到上次为了给他家买东西，吃了不少苦头，这次就拒绝了吧。他说道："你家不是有牛车吗？你也没什么事，自己赶车去一样可以买得到。"邻居说道："赶车比较麻烦，反正你总要去一趟，顺带给我捎些回来就好了。"赶车人想想也是，就决定再帮他一次。结果又忙到了天黑才到家，情景仍然和第一次一样。不过，赶车的人觉得太麻烦了，下次就不帮他了。

　　到下次的时候，赶车人趁天没亮就偷偷走出家门，由于只买了自家所需的东西，花费的时间比较短，太阳还在半山腰的时候就到家了。结果刚好被在门口转悠的邻居看到，虽然两人表面仍然客套，内心却起了隔阂……

这样一来，两个人内心的平静都被打破了，可以说是违背了健康长寿中的平心静气原则，人际关系也不再像之前那样好了。

生活中这样的例子还有很多，能自己完成的，就不要去麻烦别人。

珍惜时间的流走，放弃无用的执着

每天到寺院里来的人都是干嘛的？其实最终的目的是求得解脱。那么什么是最大的解脱？是死亡吗？

不是。解脱是对人世间的人与事不要执着，明白任何问题都是人的观念、角度、认识不同，不要强加于他人，就不会痛苦，没有了烦恼，也就解脱了，快乐了！

癌症痊愈后，我每月初一和十五雷打不动在禅堂里劝解人；平常锻炼身体，外出讲学，捐助希望小学。很多人不理解我，劝我休息休息，不要太操劳了。

其实，我们这辈子修成人是很难的。孔子曰："故人者，其天地之德，阴阳之交，鬼神之会，五行之秀气也。"我们要珍惜做人的机会！我每天都精气神十足，很多人说一见到我就浑身充满力量！

但是，生活中轻生的人比比皆是，堕落的人比比皆是。比如每年高考落榜的莘莘学子，比如闹了矛盾的夫妻，比如上有老下有小难以扛得起生活的中年人。这些轻生的人，是胸怀小、自私、执着，逃避生活，不接受现实生活。他们认为死了就是解脱，其实大错特错！

死亡不是解脱，如果死亡是解脱，那么许多自杀后被救回来的人，就不会对自己轻生的行为后悔了。

死亡只是被打败了。生命本就是脆弱的，婴儿是多么的柔嫩，对生存的环境要求是多么的高，可是，每个人都是从婴儿走过来的，可见生命本就是一个艰辛的过程。

什么才是解脱？解脱是身体和心灵战胜或超脱了困难，不再受制于困难，所以好好活下去才是最大的解脱。

相信每个人在生活中都见识过这样的例子，某纨绔子弟，拥有万贯家财，而后由于不良嗜好千金散尽，甚至欠下巨款，被放高利贷的人追债，几欲轻生却又及时止住念头，然后重新振作，努力解决了自己的困扰。这和修行经历重重劫难有异曲同工之妙。

考试落榜，无法面对各种压力而选择结束生命的人，还是眼光看得太浅，一年考不上，如果有心，还可以再考一年，就算还考不上也不至于自己断绝生命。从家长的角度来看，辛辛苦苦把自己的孩子培养长大，眼看就要成人，却因为高考这一件事而毁灭了一切，心中必定有很多的遗憾。有太多高考没考好的人一样可以生活得很精彩，拥有健康快乐的人生。

还有觉得生活压力太大的中年人，如果一个人独自去了，儿女怎么办？父母又怎么办？所以想办法解决困难，好好地活下去才是真正的超脱。

还有闹矛盾的夫妻，各种困扰、烦恼、磨难的例子举不胜举。总之，不要执着于一时义气、感性生活，而要理性地想办法解决问题才是真正的光明大道。

帮助别人，自得快乐

佛身后面为什么有颗类似于太阳的装饰？这是在启迪大家，无论是说话、办事都要像太阳一样，没有远近分别，给别人温暖，奉献社会，帮助他人。助人是快乐之本，这样我们就会获得快乐，我们越快乐，身体的正能量就越充足，就会越健康。

每年的腊八，寺里都会做粥去施舍，我看着大家在寒冷的冬天捧着热气腾腾的碗，脸上带着的那种发自内心的笑，我就高兴得不得了。其实平时寺里的食堂，谁来了都可以去免费吃，只不过很多人不知道罢了。为什么舍粥？是因为腊月初八是尼泊尔王子悉达多（后人称其为释迦牟尼）苦修 6 年后悟道的日子，他明白了宇宙人生的真相和规律法则，所有生命都是同体，所以施粥，以施粥象征圆满快乐共同分享。把自己的光芒分享给这个世界，那么你所得到的光芒就会增多，快乐和健康将会伴随于你。

我患癌症期间，住在嵩山脚下，有一个弟子照顾我。那时候，连我自己都不知道自己能活多久，但是这位弟子勤勤恳恳端茶送饭，从来没有一点愤懑和怨气。记得有一次我能下床了，拄着一根木杖用力往门口挪。外面的阳光格外温暖，且没有一丝风，我看到弟子正在浇树，她平静地做自己的事情，很享受、很自然。我向她打招呼，她听到后开心地跑过来，说道："师父，您醒啦！"我说道："是啊，我醒了，这些天辛苦你了。"她一双眼睛澄澈地看着我，脸带喜悦，摇摇头说："不辛苦，师父说过，助人为快乐之本，每个人都要发挥他自己的能量温暖世间。"当时我很震惊，内心处在一种顿悟的状态，这话我是说过，她却清晰地留在了心间，且在生活中完全如此去做，我不知道是被自己的话还是被她的话所打动，或者是在这两种因素的结合下重新恭临了一次禅法，觉得很受教。

时刻想着自己就像太阳一样，帮助他人就是温暖自己，能促进健康，增福增寿。

冬无暖气夏无空调，做自然人是长寿人

去年冬天，一位记者来古禅寺采访我。在禅堂里坐了一会儿，他冻得直打哆嗦。他问我："师父，您怎么不装个空调啊？"

我说："你看我身上这个大棉袄多好，穿上浑身热乎乎的。我夏天不吹空调，冬天不住暖气屋。人啊，该出汗的时候要出汗，该挨冻的时候要挨冻。这才是正宗的养生之道。**要遵循自然规律的法则，春生、夏长、秋收、冬藏，人体和自然相和，天地人合一。**"

我所在的古禅寺坐落在具茨山脚下，春天花开遍野，夏日浓翠遮地，秋季黄叶遍野，冬时瑞雪覆盖。四季有不同的景色，气候的差别很大。可能有人会觉得四季如春的地方才是最好的，其实不然。生、长、收、藏是生命发展的四个阶段，人也不例外。这四个阶段刚好对应春夏秋冬四个季节，四季分别比较明显的地方，就很自然地把一年之中生物体的生、长、收、藏都发挥到了极致，所以在很大程度上来讲，它有利于生命的延长。

如果是在一年四季都比较炎热的南方，一味湿热，促使生命不停地生长，这样人体的能量就一直处于耗散状态，体内物质的积累和收藏就明显

不足，所以南方人个子偏矮，寿命偏短。如果是在北方，像东北及再往北的地方，基本上没什么夏天，或者夏天很短，一年四季都是严寒，生命就一直处于物质积累状态，所以东北人大多个子高大，但也容易得心脑血管疾病。所以，最适合人居住的还是四季分明的地方。

我为什么喜欢居处冬无暖气，夏无空调，这还要从人应该怎样顺应一年四季的气候保养身体、健康生活讲起。关于这些内容，《黄帝内经》中有详细的讲解。

春季养命

《素问·四气调神大论》云："春三月，此谓发陈。天地俱生，万物以荣，夜卧早起，广步于庭，被发缓行，以使志生，生而勿杀，予而勿夺，赏而勿罚，此春气之应，养生之道也；逆之则伤肝，夏为寒变，奉长者少。"

这段话的意思是说：春天的三个月，是推陈出新、生命萌发的时节。天地自然，包含了无限生机，欣欣向荣。人们应该在夜晚来临的时候就睡下，早晨早些起床，把头发散开，解开衣带，舒缓形体，在庭院之中轻松地散散步。不要杀生，要多赠予，少敛夺，这是适应春季的时令，保养生发之气的方法。如果违逆了春生之气，就会损伤到肝脏，导致提供给夏天的生长之气不充足，到了夏天，容易发生寒性的病变。

其实它讲的道理很简单，早睡早起可以保证精神充足。至于宽衣解带、披散头发是让身体处在一种轻散自由、没有束缚的状态，这样就不会阻碍身体的气血循行，缓缓散步则是在促进气血的循环。杀生与敛夺的行为会破坏内心安定的状态，对健康不利，赠予则属于奉献，奉献了内心就会觉得坦然喜悦，对健康是非常有好处的。这样就顺应了自然规律，保藏了精气，身体自然能量充足，不会生病。

夏季养命

《素问·四气调神大论》云："夏三月，此谓蕃秀。天地气交，万物华实，夜卧早起，无厌于日，使志勿怒，使华英成秀，使气得泄，若所爱在外，此夏气之应，养长之道也；逆之则伤心，秋为痎疟，奉收者少，冬至重病。"

这段话的意思是说：夏天的三个月，称为蕃秀，是万物茂盛秀美的时节，这个时候天气下降，地气上升，两气相交，植物开花结果，人应该夜晚睡觉，早些起床，不要厌恶白昼太长，不要发怒，使精神的英华适应夏气以成其秀美，使气机宣畅，自然通泄，精神向外，对外界保持浓厚的兴趣。这是适应夏季，养护夏长之气的方法，如果违逆了夏长之气，就会损伤心脏，秋天容易发展为疟病，冬天再次发生疾病。

其实，夏季养生总结起来也很简单。早睡早起可以保证精神的充足。因为夏季白昼比较长，天气非常热，所以人容易烦躁，但是要把持自己的内心，不要发怒。本来夏天人体的能量都处于高度耗散的状态，如果再妄动怒气，必定会导致内气的不足，所以，不可发怒。为什么要对外界保持浓厚的兴趣呢？因为夏季人的精神比较旺盛，本身就需要有许多精神花费在外在的事物上，如果把精神都收回来，反而不利于身体气机的通泄，产生不好影响。大致能够做到这些，就可以顺应自然，保藏自身精气，不至于到了秋天而发病。

那么，为什么我夏天不吹空调呢？其实我不仅是不吹空调，连风扇我也不吹。有句话叫作风为百病之始，可以说，吹风对人体只有坏处，并无好处。尤其是空调和风扇，空调吹的是冷风，往往和室外温度相差很多，人们在空调房与室外进进出出，很容易将寒气一次又一次、一层又一层地压制在体内，不患病才怪呢。为什么夏季容易感冒，一个是和气候有关，另外一个就是和吹空调、电扇分不开。

如果整天待在空调房呢？就更不好了，因为夏季主长，体内的气血循行旺盛，就像一个熊熊的火炉，内脏与各个组织器官都处于高度代谢状态，也可以说是生长旺盛。身体正在增高的童年或少年，往往是在暑假里长得最快，这正是因为夏主长的缘故。空调的冷气会压制体内旺盛的夏长之气，这样就不叫作顺应自然，反而是违背自然了，对身体怎么会好呢？

那么反过来讲，夏天真的很热，难道就不能避暑吗？避暑的方式很多，比如说我们可以待在自然阴凉的房间里，或者树荫下面，这样的避暑方式就不会对夏长之气起到阻逆作用。如果天气太热又不知道避暑的话，反而走入另外一个极端，会导致中暑等情况的发生，对身体也不好。

还有就是人们除了通过空调、风扇等外在因素贪凉外，往往还会通过饮食贪凉，比如吃冰棒、雪糕，喝冷饮，吃西瓜、凉皮、凉面等。这些都是一派大寒、大生、大凉的东西，装在肠胃中，胃腑和脾脏怎么受得了呢？脾胃最忌讳的就是生冷寒凉类的饮食，脾脏要调动元气来暖它，如果不能克服，则会出现腹痛腹泻的症状。如果一时可以克服，时间久了必定也会对脾脏造成严重的伤害。脾脏乃后天之本，人体消化食物、吸收营养全靠它，如果脾脏出了问题，那么整个身体就会连带受到影响，所以千万不可因为一时口腹之快，而伤及后天之本。

比如西瓜，夏天的时候人人都爱吃，但切记吃的时候不要吃冰镇那种，室温的西瓜适量吃几块，可以解暑，但为了自身健康，最好不要多吃。

我在夏季的生活很简单，瓜果之类的生冷食物，会少量吃一些，饮用的是温开水，饭菜也都是趁热吃，不吹空调，不吹风扇，洗澡也是温水。当然，我也不会暴饮暴食，夏天的时候，人的食欲旺盛，容易犯这个错误。我一直坚持吃七分饱的习惯。所以，夏天我很少生病。

秋季养命

《素问·四气调神大论》云："秋三月，此谓容平。天气以急，地气以明，早卧早起，与鸡俱兴，使志安宁，以缓秋刑，收敛神气，使秋气平，无外其志，使肺气清，此秋气之应，养收之道也；逆之则伤肺，冬为飧泄，奉藏者少。"

这段话的意思是说：秋天的三个月，叫作容平，万物成熟，自然景象平定收敛。天高风急，地气清肃，人应该早睡早起，和鸡的作息相似，保持神智的安宁，以缓解秋天肃杀之气对人体的影响，收敛神气，以适应秋季容平的特点，不使神思外驰，保持肺气清肃功能的正常运作。这就是顺应秋气、保养人体、收敛精气的方法。如果违逆了秋收之气，就会伤害到肺脏，冬天就要发生飧泄病。

这段话的道理很简单，总结起来就是早睡早起，收敛神气。这和夏季不一样，夏季是要对外在事物保持兴趣，多留神在外。所以，每个季节有每个季节的养生特点。

冬季养命

《素问·四气调神大论》云："冬三月，此谓闭藏。水冰地坼，勿扰乎阳，早卧晚起，必待日光，使志若伏若匿，若有私意，若已有得，去寒就温，无泄皮肤，使气亟夺。此冬气之应，养藏之道也；逆之则伤肾，春为痿厥，奉生者少。"

这段话的意思是：冬天的三个月，叫作闭藏，是生机潜伏、万物蛰藏的季节，这个时候，水寒结冰，大地龟裂，不要随意扰动体内的阳气，辛苦劳作，应该早睡晚起，等见到日光照耀的时候再起床，使神智深藏于内，好像有隐私，密守不外泄，又像得到了很想得到的东西，把它藏起来一样。要避开寒冷，趋近温暖，不要使皮肤毛孔打开，让阳气散失，这是适应冬季气候，保藏人体真气的方法。如果违逆了这个规律，就会伤害到肾气，造成提供给春生之气的亏缺，到了春天就会发生痿厥的病症。

这段话总结起来也很简单，早睡晚起，少运动，精神多收持在内，少关注外界的事物，比较冷的时候应该注意采取措施，避寒取暖。早睡晚起，可以顺应冬季的气候，藏精气，如果起床太早，一是违背了人体适应气候所形成的规律，二是起床后就要调动全身的元气去抵御外在的寒冷，可以说是非常伤肾气的一种表现。关于避寒取暖，大家都知道，人体体温基本恒定在 37℃，所能承受的寒冷是有限的，所以要避寒取暖。

但是除了《黄帝内经》总结的之外，生活中还有许多问题值得注意的。冬天我为什么不开暖气呢？因为打开暖气，随着室内温度的上升，人体表层皮肤解封，毛孔打开，体内的阳气就会源源不断地往外耗散，这就违背了无扰乎阳，不要使皮肤打开的规律了。冬季本来是阳气深藏的季节，但如果总是处在温室之中，这无疑是释放身体能量的做法，它和夏天总是待在空调房是一样的，违背了身体气机随着季节变化运转的规律。

所以，我冬天是不开暖气的，但是也许有人会问，《黄帝内经》不是也有避寒取暖的说法吗？但是，它所讲的避寒取暖是在不破坏整体大气候的情况下所采取的措施，比如可以烤火，可以穿得厚一点，晚上被子可以盖得厚一些，多吃热汤热饭和温补性的食物。这些都是有效的取暖方法，但是打开暖气，就相当于整个房间与冬季隔绝，自己单独形成一个"气候"，违背了冬季养生的规律，这样很容易生病。

除此以外，往往被人们忽视的是，由于天气寒冷，造成蔬菜和水果的摄入量减少，长期下去容易造成嘴唇开裂，嘴角长疱或是上火，脸上长痘等。所以，还是应该适当地吃一些水果蔬菜，补充维生素，这些情况就可以避免了。

我为什么特别地挑出冬天和夏天来讲呢？因为一个是至热，一个是至寒，面对这两种"极端情况"，人们的许多生活习惯在很大程度上违背了养生规律，以至于危害健康和缩短寿命，所以在此进行讲解，助人以乐，助己以乐。

动摇则谷气得消，运动则生命绵绵

俗话讲：动摇则谷气得消。抻筋拔骨，引挽腰体，使气血流通，以求难老。人需要运动，经常运动，身体才能保持健康的状态。那么运动的意义在哪里呢，从根本上讲，人为什么在适当运动之后可以做到精力充沛、思维清晰、体能过人呢？说个我年轻时的事吧。由于幼时在少林寺学过武，年轻时我一掌可以劈开5块砖。记得1986年，我有一次出差，刚走出汽车站，发现有两个人跟着我，我走着走着，发现前面是个死角，不能往里走了。于是我转身往回走，那两个人不知道我练过，就凶巴巴迎着我走过来。我停了下来，左脚、左手在前，站成格斗式状态，突然冲左边的那个人腮帮子就是一拳，然后转身一个正踹，把右边的那个人踹出去将近两米。我走出了有 200 米，扭头看，那两个人还在地上打滚呢，站不起来。

回到之前的问题，人为什么在适当运动之后可以做到精力充沛、思维清晰、体能过人呢？简单来讲，人的生命活动就是无时无刻不在进行着极为复杂的物理化学反应，也可比作一团火的燃烧。饮食相当于木柴，需要在氧气的参与下，才能完成燃烧。运动就等同于给这一团火供应更多的氧气，好比是给火堆吹风，那自然火势就会更旺盛了。有科学研究表明，一个人静躺在床上的话，每分钟吸入大约 8.8 升空气，改躺为坐，则需翻倍，消耗 17.6 升，散步耗氧是静躺的 3 倍，为每分钟 26.4 升，跑步的话则高达每分钟 55 升。所以说，运动可以增强新陈代谢。

那么如果今天运动，运动后脾胃大开，食量增加，人体一身的经络循行也在运动的带动下变得畅通无阻。明天又运动，后天继续运动，这样坚持下去的话，底火会越来越充足，身体自然就强壮健康了，人的精力充足程度，以及体力和脑力都会有很大改变。所以说，运动具有改变身体的能力。

讲得再本质一点，假如一个人一天不运动，他也不会立马就生病，甚至很多天不运动都不会生病，因为人体自有它内在的气血循环，运动只是说可以促进循环，但是不运动，它一样可以运转下去。所以，即使短期内不运动，人也不会因此而产生大的问题。但是有句话叫作**久卧伤气，久坐伤肉**。这是为什么呢？因为人体内部的气血循环系统的力量比较薄弱，安静下来的时候它就会因为肌肉和大脑不需要更多的血液而流速减慢。人经常卧床或者经常坐着就会导致身体气血运行得越来越慢。时间久了就很难一下子恢复，所以久卧和久坐会伤及身体。

这个和身体强弱没有必然的关系，身体再强壮的人，如果长时期疏于运动，他的身体也会一天天地弱下去；如果是身体柔弱的人，他能坚持每天做适量的运动，也可以慢慢地强健起来。

任何时候开始运动都不晚，**活动活动，想活就要动**，生命在于运动，这是不生病的秘密。

常怀慈悲之心，方能福德双至

慈悲心是每个人都拥有的，就像善心一样，人人皆有，佛心也一样，每颗心都潜藏着佛性，所以世间无不可度之人。那么，为什么要有大慈悲呢？因为一个人的慈悲之心越盛，他的内心就越坦荡，越会做一些有利于社会及他人的事情。这样的话，他的内心就会越加安定祥和，越有利于自己的身体健康和精神世界的圆满。那么什么叫作大慈悲？

有这样一个故事，释迦牟尼有一次外出，刚好看到一只饥饿的老鹰在追捕一只可怜的鸽子。鸽子对老鹰道："你放过我吧，错过了我，你还可以抓下一个，可是我的命只有一条啊。"

老鹰说："我也知道你的命只有一条，可是在这个世界上活着，谁都不容易，我已经非常饿了，如果不吃你，我就要活不下去了。"释迦牟尼听了慈悲心起，就伸手把鸽子握住，藏到怀里。老鹰大怒，跟释迦牟尼理论道："你大慈大悲，救这鸽子一命，难道就忍心看我活活饿死吗？"释迦牟尼道："我不忍心让你伤害鸽子，也不忍心看你饿死，正所谓我不入地狱，谁入地狱。"

说完，释迦牟尼取出一个天平，一边放鸽子，另一边则放从自己身上割下的肉。但是无论怎么割，割多少肉都无法托起鸽子的重量，在释迦牟尼割下最后一片肉时，天平终于平了，天地色变，佛祖便诞生了。

现在，大家都说乞丐是假的。但是几十年了，我遇到讨饭的讨钱的都会毫不犹豫地给他们。记得我以前年轻时赶路，途中遇到一个乞丐，衣衫破烂，臭气熏人。可能是他好久没吃饭了，一下子撞了出来，跪在我面前，伸出一只破碗，我见状心中了然，直接把包里的食物给了他，还送他一百块钱。

我为什么这么做？想想咱们中华人民共和国成立到改革开放前，那时候大家都很穷，但是仍然有很多老乡、同学、朋友、老师施舍我、帮助我。现在，咱们都丰衣足食，为什么不给呢？有人会说，现在的乞丐都是假的。可是，万一这个人真是乞丐呢？我们没办法去追查他的身份，但是，我们要做的就是对得起我们的本心。

虽然我失去了一些钱财，可是我的精神是安定的，我用自己的力量帮助了一个信士，不管这个信士是一名乞丐，还是身份尊贵的人，在我的眼中都是一样的，我也算是救人一命，度人一劫，而并没有选择视而不见。我是快乐的，内心充满了阳光。

就是这样，当你动了慈悲之心而去做一些事情的时候，你的内心会愉悦安定而充满积极的能量，这无论是从修心上讲，还是从对身体健康的影响上来讲，都是有好处的。

上面说的都是小慈悲，在这里我要说说大慈悲，我们要每时每分都有慈悲心，要希望这个社会好，要希望天下人平安幸福，只有这样，你才能在做任何事的时候都能问心无愧、自信满满，才能福德双至。

嗜欲深者天机浅，心安定者智慧足

定生慧，精神安定可以生出智慧。如果一个人内心浮躁，就很容易停留在事物的表面，思维受到局限，不能完美地解决问题。如果一个人内心非常安定，他就可以全面地看待事情，把握事物的关键所在，问题自然迎刃而解。这就是本来俱足的大智慧，真正能守着自己的心，不生烦恼，用理性处理问题即大智慧。

我曾在书上看到过这样一个故事，考试前的晚上，一个学生看书到深夜，由于外面大风大雨导致电线漏电，结果停电了。他摸索着找到一根蜡烛，可是蜡烛仅仅维持了一个多小时就熄灭了。他心中烦乱，想起书上的东西第二天就要用到，他却没有看完，这样大的风雨，超市早就关门了，到哪里去弄蜡烛呢？他烦躁地在房间里踱来踱去，直到他产生了放弃的念头，一个人静静地躺在床上，室外的冷空气透过窗缝钻到屋子里面。他发觉有点冷，由这个冷字想到了火，猛然醒觉，柴房不是有干柴吗？有了火自然就有光了。于是他到柴房生了一堆火，借着火光，把剩下的书读完了。

生活中这样的例子有很多，比如，人只有在冷静的时候，做出的判断才是正确的。这是定生慧的真理。

所谓嗜欲深者天机浅，如果一个人的欲望比较深，那么他的智慧就必定少。有两个原因，一是人的心力执着于欲望，心智自然就处于蒙蔽状态，智慧自然就少。另外一个是欲望容易消耗人的精神气血，一个精神不足的人，一个气血不足的人，无论是他的心还是大脑，都不能处在一种高度健康旺盛的状态，智慧自然就少了。

上面讲的是与智慧产生相关的两个影响条件。除此之外，一个人要拥有大智慧，还需要开阔的心胸，只有心胸开阔、眼光长远，才能不拘泥于鸡毛蒜皮的小事，以成其大。心量有多大，事业就有多大，能忍能包容，不仅身体好，还能成大器。

另外，宽容、忍让、谦卑这样的心态也是大智慧的表现，世人饱受贪嗔痴三毒的戕害，如果能够修持一颗宽容、忍让、谦卑的心就能免去三毒对心灵的伤害，免去诸多纷纭烦恼。

20世纪八九十年代，改革开放不久，我经常坐飞机满世界讲学，讲一周课就是一二十万美金。给病情危重的人用一指禅治病，一次就是将近一个半小时，每天休息时间不足五个小时，后来患了癌症，想想与那时候让身体严重透支有很大关系。这是小聪明，不是大智慧。因为有所求，活在患得患失的痛苦中。患了癌症后，我把美国等地的康复机构都卖了，把三千多万元资金全部舍掉盖了佛光寺，还在河南捐助了32所希望小学。就像《心经》所说：**"心无挂碍，无挂碍故，无有恐怖，远离颠倒梦想，究竟涅槃。"** 我现在每天都充满力量，快快乐乐，这是大智慧。为什么？做任何事无所求，无所得。因为这一切都是自己应该做的，因为他们都是我的亲人，我们都是同呼吸、共命运的。

拥有大智慧的过程就是一个修心修行的过程。可以说佛是拥有大智慧的，也可以说佛的智慧是无边的，如果一个人能通过个人的修持而达到大智慧的境界，那无疑是对身心健康、内心的幸福圆满都有很大的好处。

第二篇

温暖别人，自得健寿

五欲无乐，如狗啮枯骨

总是想着自己的得失、成功、失败，等等，这是执着，执着于自己，无论是对事情的发展，还是对个人的身心健康都有不同程度的影响。

通过打坐进入禅定的过程中，讲究忘我。无法，无我，无众生，一切都不存在了，这样才能做到灵台空明，看到自己真正的内心。佛学著作上讲"五欲无乐，如狗啮枯骨"，什么意思呢？追求金钱、房产等欲望不是真正的快乐，就像饿狗在啃一块儿没有肉的骨头一样，看似诱人，其实啃来啃去什么也啃不出来。

我刚患癌症的时候，万念俱灰，想着交代一下后事，于是跟欧美国家的那些合伙人讲，自己将来要是不在了，能不能把这些康复机构交给我的子女打理？欧美国家的人可不像咱们中国人说话这么委婉，直接说："师父，我们只认您，别人都不行。"

我当时明白过来，是我太执着了，自己都快不行了，还想那么多做什么？再说，儿孙自有儿孙福。一下子把几个康复机构交给儿女，就像一个人一下子中了几百万的彩票一样，短期来看是福，长期来看就是祸啊！很多因拆迁而生的暴发户，年纪轻轻的就游手好闲，一天到晚赌钱，这真的是福吗？

所以，不要想自己，不要觉得社会欠自己的，父母欠自己的，亲戚朋友欠自己的。受想行识，都是空的。要用智慧去看待，不要执着，一切都是无常的，要尽最大努力把自己的一生活得精彩些，展现自己的人生价值、社会价值，没有遗憾，才是真的。

男人是天女人是地，担当包容才是婚姻

现在生活水平提高了，离婚率也提高了，这跟一个时代的物质生活条件是分不开的。人们的精神和物质追求日益丰富，就导致婚姻在生活中所占的比重减小了，再加上年轻人对婚姻的认识比较浅薄，所以就出现社会离婚率升高的情况，许多年轻人觉得离了婚也没什么大不了，还可以再结。但是，他们真正离婚了才意识到婚姻对一个人的影响非常大，悔之晚矣。

为什么会离婚？因为不知道结婚的意义和重要性。很多年轻人认为自己喜欢的爱人归我私有，对方的一切都由我说了算。这不是爱，这是占有，没有相互尊敬、理解、商量、沟通，按照自己的想法去处理家庭、工作、孩子的问题，所以就会产生矛盾，导致离婚。

婚姻是什么？为什么要结婚呢？

婚姻是社会发展的需要，是人类生命延续的需要，是责任。我常常说，人，是肩负着宇宙中"万物之灵"最高内涵的名誉。所以，就必须做人事，要有大爱之心。连自己喜爱的人都不能包容，都不能真心去爱，那怎么能不产生矛盾呢？

什么是爱？爱没有占有，爱是给对方快乐和幸福，愿为对方承担一切痛苦，就像父母对孩子那样无私地付出，无所求，这才是爱。

结婚，有一道必不可少的环节叫"拜天地"。为什么要拜天地？是不是迷信？自古至今咱们国家的文化里为什么有这个环节？拜天地是拜谁？是拜自己啊！

男人是什么？男人是一个家庭的天，要撑起一片天。男人是一座山，让父母、爱人、孩子都有靠山。男人是一道墙，是家人的避风港。男人又是一把伞，为父母、爱人、孩子挡风挡雨挡太阳。

女人、妇人、爱人是什么？是大地！结婚那天，男人的母亲、老娘把自己最疼爱的儿子交给了新娘子，希望有幸福美满、子孙满堂的家庭，这就是结婚。女人要像大地一样包容一切，慈爱智慧地经营这个家庭。

为什么离婚率这么高？就是因为没有认识到人的真正含义，人是相互支持、相互包容的。这是慈悲的一种表现，也是中华五千年的文化传承。

父母是孩子的第一任老师，父母的言行会影响到下一代。家庭都搞不好，怎能把工作做好？最亲的人、最爱的人都不能去包容，怎么能与外人处好关系呢？一个人的能力和心量，就看他的家庭如何，家庭出问题，说明此人的心也不一定好。

要想家庭幸福，夫、妇就像两个人在划船，孩子就像船舱里的珠宝。如果两颗心不能往一处使，这个船就会在原地打转，甚至会翻船，孩子就会沉入水中。这样的孩子走到社会、学校就会被人另眼相看，认为少父少母无教养，孩子没有完整的家，很容易出现心理障碍，会自卑，心理扭曲，影响成长。这就是没有责任心的父母酿成的后果。

我每月的初一、十五都一定会在寺里开导信众的各种问题，这二十多年来，不知道挽救了多少个家庭，找不着对象痛苦，结婚后没有孩子痛苦，结婚后夫妇吵架痛苦，青年人失业找不到工作的苦，老年人担心儿女婚姻的苦。每个人不管是到佛光寺还是到古禅寺，痛苦忧愁而来，高兴开心而去。我非常感恩这些有苦的人，他们来成就我的人生快乐，能让他人快乐就是我的快乐。每月初一、十五，我都会接待近百人。

人要想快乐，就要管好自己的眼和嘴，不看任何人的过失，不说任何人的缺点，只说人家的长处。别人如有对不起自己的，过去就让它过去，时间不会倒流，只看当下眼前，说好话，做好事，不记他人过，一定快乐。我是这么说的，也是这么做的。能说能行才是行，别人才会尊敬，**己不正不能正人，做不到不要说别人**。我活了七十多岁了，没有说过一句脏话，给人都是快乐，这也是家教、师教。做人要广学多闻，多学知识，这样才能家庭幸福，人生快乐，事业有成。

人是一团能量，发挥自性光明

人就是一团能量，越消极，能量越弱，越容易生病，要开心起来，越开心越喜欢外出做事，人的能量就越强。

消极是一种负面情绪，医学上有很多病是因为消极抑郁而导致的。一个人开心的时候，有助于打开经络，畅通气血。外出做事一是活动了血脉，二是打开了内心，心脉畅通，自然一身血脉畅通，所以说克服消极情绪，无论是对一个人的身体健康还是心理健康都比较好。

这不禁让人想起杞人忧天的故事：从前杞国有一个人，他经常会想到一些奇怪的问题，让人觉得莫名其妙。有一天，他吃过晚饭后，拿了一把蒲扇，坐在门前乘凉，并且自己对自己说道："如果有一天，天塌下来了该怎么办呢？我们都要被活活压死，那不是很冤枉吗？"从此之后，他天天为这个问题烦恼、发愁，朋友们看到他愁容满面、精神恍惚，都很为他担心。后来大家知道原因后，都去劝他说："天怎么会塌下来呢，就算天真的塌下来，也不是你一个人忧愁就能解决的，你还是看开一点吧。"可是，不管别人怎么说，他仍然不相信，整天为这个问题担忧。这个人就是情绪消极的典型代表。

再比如面对考试、工作面试这类事情，许多学生平时学习成绩非常不错，或者平时工作能力非常强，但是往往到考试的时候或者到新单位面试时就会产生焦虑的情绪，觉得这是人生非常重要的机会，万一考不好怎么办啊，或者考试的时候出现什么意外该怎么办啊。再加上身体先天禀赋比较弱，结果就导致呕吐甚至眩晕的情况发生。本来只是一场简单的考试，正常发挥，就能考取理想的大学，却因为自己的焦虑而导致失败，踏上复读的历程，这对一个孩子来讲是非常痛苦的。或者面试时说话结巴、没有条理，失去了进步的机会。

还有一些正面的例子，在奥运会比赛结束后，记者会采访冠军，问他有没有想到会获得金牌。得到的回答常常是没有，自己在当时什么都没有想，想也没有用，反而会增加心理负担，心里除了好好比赛之外，什么杂念都没有。这样的状态就跟所要达到的状态非常贴近了。

生活中这样的例子也有很多，比如同样是病危的两个人，一个积极面对，求生意志强，他的能量就能渐渐旺盛起来，生命一天天蓬勃壮大，度过了危险期，慢慢地就康复了。另外一个人比较消极，原本生命能量就弱，求生意识又不强，这样就难以战胜病魔，最后以失败告终。

积极一点，充满正能量地面对生活，身体也好，内心也好，整个人都会充满阳光。

心乱了，病来了

当今社会非常浮躁，有太多的人会受到环境的干扰，导致内心不能安宁，整日胡思乱想。有人会每个月都进行体检，怀疑自己是不是患了癌症，其实，在西方医学没有传入国内之前，国人整年也不会体检一次，但是大部分人能平安地度过每一个春夏秋冬。体检在一定程度上来讲，是一件好事，但它也有它的弊端。比如它会给人的内心造成一定的压力，检验的时候，心中完全是一片茫然，要靠许多结果出现在化验单上，医生带着慈祥的目光和善地说道："先生，您的身体很健康，祝您生活愉快。"这样，一颗悬了许久的心才能放下来。

如果是频繁的体检，而这个人的身体又没有出现什么病变的话，只能说明是他的心乱了。我是位中医，有句话叫**西医让人明明白白地死，中医让人糊糊涂涂地活**，其实这句话也可以说成"明明白白地死，不如糊糊涂涂地活"。心病还需心药医，怎样能使一个人的内心安静下来呢？以前我认识一位中医大家，所以我们在一起会经常探讨一些问题。有一次我见他，感觉他状态不是特别好，就劝他注意身体。他笑着说道："我知道，我脾胃不是很好，血管也有些问题，不过我不怕。我忙起来的时候，一天能看一百多个病人，身体比我糟糕的人多了去了，但是他们仍然能活很多年，所以说，什么是健康？一个人，不要怕病，不要怕死，看开了，病就好了一半，我也感觉自己最近状态不是太好，但是不能怕病。"

我对他的这种心态非常赞赏，他走了之后，我静静地想他讲过的话，他有一切不萦于心的气概，连生死也看得十分淡然。这不正契合我佛家对内心的修持要求吗？一切了然，一切寂无，无我、无众生，尽皆为空。我不禁觉得有的人常年修行，未必能得正果；有的人从不计较得失地工作，助人为乐，却离佛很近。

有一位居士，从小放牛出身，后来跟着乡里人外出做生意，几十年商海浮沉，成功过，失败过，经历无数劫难，最后他荣归故里，到山上来找我。这几十年间，他也回来过几次，可是每次见他，我都能感到他纷乱的内心仍然属于那个风雨飘摇的江湖。这一次不同了，他的精神平定而祥和，脚步稳定，整个人从内到外都透露出两个字——看开！

我对他说道："钱赚够了？"他笑说："钱哪里赚得够。"我说："你要么是钱赚够了，要么是满足了。"他说道："师父真是厉害，一见之下就能看出我的心态。"我笑道："万迹皆由一心，我能看明白你的内心，自然就能了解你的踪迹。"果然，他后来把农村老家的房子翻修了一下，喂喂鸡，放放牛，种种地，还经常给寺里送粮送菜。

《金刚经》说得真好：念起即断，念起不随，念起即觉，觉之即无。有一个念头马上断掉，不要再去想它。世间有种种的诱惑，引得内心浮躁，难以平静，我们每个人都应该稳定自己的内心，无论是对于健康还是对于长期的生活，都有莫大的帮助。

开口神气散，守心精气足

平时我们讲气力、气血，都和气字分不开，一个人力量的强弱，和他本身气的充足与否有着必然的关系；血液是否能够顺畅地循环全身，也和气的充足与否有着必然的关系。可以这样讲，气就是人体生命的能量，得之则荣，失之则枯。

人们平时说闲话，看似平常的一件小事，却能损耗人体的能量，但是如果闭口不说闲话，就能使气留存于体内，参与自身的其他生命活动，是一种有利于长寿养生的表现。

有句话叫作祸从口出，言多必失。说闲话可以生是非，可以惹祸。如果我什么都没说，自然什么事情都没有，如果我开口说话，就可能说者无心，听者有意，万一遇到了心胸狭窄的小人，就容易产生不好的后果。所以，要尽量做到不说闲话。一般人的修持能力比较弱，可以做到少说。

另外就是在一个团体中，说别人的闲话容易影响人际关系。人的内心是复杂的，既有许多和真善美相关的东西，也有许多与假丑恶相关的东西，同时人又是自私的，说话的时候往往站在自身的角度去评判一些人和事物，今天你说我一句不好，明天我讲你两句不是。这样一来，就容易形成一个恶劣的交际环境，让每个人都孤立自危，就不能使人处在一种轻松愉悦平常的状态，在俗世来讲是损人不利己，对人的身心健康都有不同程度的伤害。

还有就是我们完全可以把空余的时间用在更有意义的事情上，比如说学习，如果不学习，渐渐地就会落后于时代，万法并没有高下，同样是值得欣喜与祝贺的。如果能够坚持学习一些东西，到一定的阶段必然就会有一定的收获，就相当于朴实的农民在土地里播下种子，一段时间后获得了收成一样，内心是踏实而又满足的，对健康也能产生良好的影响。这样岂不比说闲话要好出许多？

空闲的时候调呼吸，静静心，守心能治百病。

磨瓦岂能成镜，坐禅焉能成佛

相信大家都听说过这样一种情况，本来在工作岗位上奔波劳碌的健康

人，退休后没多久就生病了，繁忙孕育了健康，安逸却酝酿了疾病。这是为什么呢？其实道理很简单，有一句话叫作久卧伤气，就是躺得久了会伤害到人身之气，为什么会这样呢？简而言之，人体需要不断地接受外界的刺激，身体组织、器官、气血才能良好地运转下去，如果外界的刺激太弱，身体就会处于比较安逸的状态，时间久了，对身体组织、器官、气血等反而是一种慢性伤害。工作的时候有许多事情需要处理，身体和大脑会不断地接受刺激，这样反而促进了健康。

退休之后，生活一下子松散下来，每天没有固定的任务，也不再有工作上的压力，久而久之，人的体质就下降了。好比汽车，天天跑不怎么容易坏，相反，长时间不用反而容易出毛病。

那么该怎么办呢？我们可以把生活安排得多彩一点，不要一味地待在家中，多到外面去走走，可以旅行，可以走亲访友，也可以参加一些团体性的活动，比如说，和大家一起学学太极拳，跳跳舞，唱唱歌等，这样身体活动起来，大脑也接受了刺激，自然就不容易生病了。

年轻人往往会去探寻人生的意义是什么，在很长的时间里对生活都比较迷茫，在这样的状态下又对工作产生不满，很容易辞职，一时之间闲下来不知道该如何是好。

我相信，每个人都思考过人生，也产生过迷茫，探寻过人生的意义。其实，人活在这个世界上，什么是意义，什么又是价值。对于俗尘中的人来讲，可能有些人喜欢美食，通过自己的努力，得到了美食，吃的时候就觉得很开心，很真实。或者说，有些人喜欢某门技术，通过自学、拜师等等，掌握了这门技术，这就是幸福的，有意义的。

这些事情都是很有意义的，真实地活着不就是活着的意义吗？至少比空空的感慨和迷茫要好很多。

所以，为了内心的富足，为了身体的健康，请忙碌起来，不要太过闲散。

一大不调，百一病生

我认识一位虔诚的女居士，她听完我的讲座后非常尊敬地找我谈话，她说她的母亲是一个爱佛之人，她也信佛、爱佛。而后她又说她生活过得不如意，希望能够从我这里寻求一些解答。

她说她丈夫是一位土建工程师，在外地工作，虽然辛苦，但每个月都能寄回来一些钱补贴家用，如果是长时间不见面，一两个月偶尔见上几天，就觉得很融洽、很幸福。可是，每年在冬春季节四五个月她丈夫都待业在家，这时候他们反而会经常吵架斗嘴。丈夫还有抽烟的习惯，她特别闻不了烟味，因为这事情，他们吵过很多次。而且，她对事情要求得比较完美，什么事都想做得非常好，但是丈夫在家，总是把家里搞得一团糟。她有的时候觉得日子都没法过了，自己为什么要嫁给这个人。但是如果丈夫一旦忙碌起来，又会时时牵挂他，有时候她就想，如果能够在一起久处不厌的话，那就好了。关于这个问题夫妻两个人都想过，可是顶多好一阵，时间长了就又回到了原来的样子，她心中非常苦恼，不知道该怎么办。

我听完她的话说，寺院里供有一尊佛是药师佛，药师佛是为了拔除人身心的疾患，所以又被尊称为大医王、大药师。人的病，有身体上的，也有心理上的。你现在的问题就在心理上。佛经里说"一大不调，百一病生"。什么意思呢？如果人的身体的某一个部位不调和，人就会生病，甚至会导致全身的疾病。心理上也是这样，出现了一种烦恼，就会生出多种烦恼。你现在就是这样，不要把别人的一点问题放大。想想药师佛发下的十二大愿，要让天下人无病无灾。你回家后，也要发愿，要让自己的家幸福，不要计较任何事。

《金刚经》里也有一句话：**应无所住，而生其心**。这句话的意思解说到了生病的根源，因为人们容易把别人说自己不好的话和事当成真实存在的，放不下，天天想，于是生气烦恼，气是百病之源、万病之毒根。所以，要"无所住"，不要把别人说的、没有真实存在的东西放在心中，好坏能拿到手中看到吗？不能，因为好坏没有真实体，明白此理，还生烦恼心吗？人们都是自己困在了别人的语言中，所以才有病。

她听完后，深觉有理，后来再见面时说家庭矛盾已经没有了。

不仅是夫妻之间会生闲气，生活当中人与人的相处，人与世界的相处，都会有许多生闲气的时候，这样不仅影响到个人的幸福快乐，也会影响到身体的健康，所以，我们应当看开，应当宽容，这样不仅对他人有好处，对自己也是有好处的。

独乐乐，不如众乐乐

每个人都应该是一团光，燃烧自己的同时，也照亮他人。

在我讲课开解的时候，很多人听得津津有味，也有很多人听完跪在我面前向我磕头。其实，我只不过是一个通过实践、经过病苦，不断学习闻经听法的受益人，为大家解决了一点纷扰和疾苦。

但是，为什么有这么多人喜欢我呢？为什么很多人几天不见我就想得不得了呢？为什么？因为所有来的人不管什么问题和病苦，我都能给他们一个解决的办法。不管职务高低，我平等对待所有来客，像太阳一样没有分别，给他们温暖和快乐。就是因为我像一团光一样，能给人温暖。咱们看看天上的太阳，它是一团光，给万物以生命。我们人也应该如此。

有位癌症病人，50多岁了，从福建过来见我。来的时候坐着轮椅，整个人已经奄奄一息了，跟我说话的时候大喘气。我问他，你什么时候去的医院？怎么去的？他说自己感觉恶心呕吐，一个人去医院检查发现患癌症了。我说，是不是当时感觉天塌了？他点点头。我说，你去医院的时候是自己去的，回来就坐轮椅上了？你这是被吓倒了。他说，师父，我这一辈子不容易，辛辛苦苦把孩子拉扯大，看着他们成家立业，我还没享福呢，就得这病了。我说，你坚强了一辈子，最后怎么不坚强了？你还得坚强起来，好好活，你要像太阳一样，浑身是能量，浑身是劲儿，能活三个月就好好活三个月，能活三年就好好活三年。

我的一番话说得这位病人当时就有精神了，从轮椅上站起来，精神也有了，是自己走出禅堂的。

其实像这个病人的例子很多很多，我们不光是对待疾病，我们的人生，都应该像光一样，不求回报。我希望人人都是一团光，相互照亮，相互温暖。这样正能量足了，精气神也就足了，活得有自尊、有活力、有质量，人的寿命就更长。每个人都会生病，但正气足了，一切病患即会自愈了。

置之病地而后生，顽强奋斗而新生

俗话说：靠山山要倒，靠人人要跑。每个人都是一片绿茵，只有把自己浓浓的绿意焕发出来，生命才能更健康、更苗壮。

有一次我在寺里讲课，劝诫人们不要赌博，讲了两个小时，台下的一位信士哭了两个小时。讲完后，所有人都散去了，而他却仍然静静地坐在那里哭。后来问他才知道，他原来是做水产生意的，努力工作了几年，他积累了许多财富，觉得应该趁年轻好好享乐一番。于是，他开始留恋上女人、美酒、赌博，这三样恶习，每一种都需要雄厚的资金做基础，尤其是赌博，红了眼的时候，金钱只是支票上的一个数字，不论多少都敢往上押。后来他赌输了，债主天天上门逼债，没有钱就打，甚至威胁他的亲人。那段时间，他有几次想到了自寻短见，可是最后下定决心改过自新。

他首先到之前跟他生意上有来往的客户那里借钱，有的多，有的少，有的人知道他出了事就躲着他。他心里知道，这也怨不得别人，要怪只能怪自己。好在他积累的客户比较多，把借来的钱还了一小部分赌债后，他就跟要债的人谈判，凭借自己做水产的能力，三五年之内一定可以把剩余的钱都还上，要不然就是杀了他，也仍然是没有钱。对方权衡利弊，觉得这个人有一定的能力，就规定他一个月至少要还多少。就这样，他仍旧做起了水产生意，一开始的时候，只有借给他钱的那些客户跟他做生意，其他人都不愿意跟他有生意上的往来。最后他想办法，买礼物，一家一家地讲客气话，终于跟之前所有的客户都连上线。

整整四年的时光，他真正成长起来，也让他明白，一个人，只有靠自己，才能真正走出来。靠朋友？落难的时候他所有的朋友都离他而去。靠亲戚？心肠好的会送一些钱财，其余的都断绝了来往。正是靠山山要倒，靠人人会跑。他虽然有恨，不过后来都看开了，也终于在第四年还清了所有的赌债。

听了我的课，他深有感触，所以不能克制，那泪水饱含了他长时期的真情啊！

我听完他的故事说道："一切都过去了，要明白真理，世上没有无缘无故的爱，也没有无缘无故的恨，一切因果丝毫不差，种瓜得瓜，种豆得豆，通过这次磨难，要战胜自己，重新站起来，把握人生，要自强自立走正道，才能幸福。"他连连点头，说道："是的，是的。"

人是一片绿，自立方能更生。

天有阳光万物生，人有阳气疾病祛

每个人都会生病，生病之后我们要用阳光自然且大无畏的精神去面对。比如伤寒感冒，在阴冷的天气，人体阳气内收，不得伸张，气血流通受到限制，病就不容易好。但是如果遇到好天气，艳阳高照，天清地爽，人体内环境也会跟着改变，这时候到外面活动一下，使体内之气与外界之气交换呼应，使体内经络开通，气血流转，伤寒感冒会好得非常快。

环境对一个人的健康是有影响的，这和一个人的内心状态对健康有影响一样。如果内心开阔畅爽，即使有一些疾病，也能够恢复健康。如果内心阴郁不舒，即使没有疾病也容易酝酿出疾病。

我年轻的时候读过宋美龄的传记。她70岁的时候患乳腺癌，动了两次手术，在预后良好的情况下，她一直活到了106岁，最后无疾而终。生活中能做到无疾而终的人非常少，但就是这样一个曾患过癌症的人做到了，由此看来，生病并不可怕，可怕的是人们往往不懂得修持自己的内心，使恶性情绪任意地滋生弥漫，反过来又助长了疾病，而达到难以治疗的境地。

我们可以看一看宋美龄的生活，为什么这么严重的疾病能够被她给打败，且活出了一般人所难以达到的高龄之寿。

第一，她坚持经络按摩，这个习惯一直保持了几十年，每天都有按摩师专一负责为她按摩。有的时候，情况特殊，她就自己按摩，她懂得许多经络和穴位的养生知识。

第二，她喜欢喝绿茶和葡萄酒。绿茶可以保护润滑血管，这样就可以在很大程度上避免心脑血管疾病的发生。绿茶还可以预防癌症，因为它含有防癌、抗癌的有效成分。还有就是绿茶能够清洁口腔，防止牙齿生病，宋美龄直到106岁去世的时候，牙齿仍然保持完好。少量饮用葡萄酒可以保护心脏，可以抗衰老，它的许多效用是对健康有利的。

第三，在得知青菜有利于身体健康的时候，她就养成了吃青菜的习惯。关于吃青菜对身体、血液、内脏以及大脑的好处不再赘述，每个人都知道适量摄入青菜有利于人体的健康。

第四，心态平和，宠辱不惊，得失不扰。宋美龄的一生可以说是起起伏伏的一生，但是不管多大的事情发生，她的情绪总能维持在平静祥和的状态。可以说，这是一个非常好的习惯，对养生有很大的帮助。

通过她的一生可以看出，她始终都在以积极健康的状态对待生活，对待疾病，对待自己的生命，所以她能得享高寿，无疾而终。

我后来患了癌症，自己也战胜了癌症，后来想想，除了不喝酒之外，其余之法与她不谋而合。

患了病，尤其是患了重病，横竖都是死，何不主动去跟疾病斗争呢？置之死地而后生，奇迹就能出现！

佛是过来人，人是未来佛

生活中有许多烦心的事情，人应当看开，多大的事都不是事，多大的事都不往心里去。只有这样，才能好好地解决问题，健康快乐地活下去。

我有一次讲课时问，谁愿意说说自己的烦心事？一位女居士，双目含泪，说出了她的遭遇。她说，她有两个女儿、一个儿子，两个女儿在前几年出嫁了，虽然大小女婿都不是很有钱，但日子过得还算踏实。唯独放心不下的是小儿子，老两口努力赚钱供他上大学，读了大专又读本科，好不容易盼到毕业，又没有找到好的工作，前些时候他在电脑上卖东西，一不小心就触犯了法律，被警察抓了起来，判了一年半，每个月她都去看儿子，带一些好吃的东西，问他在里面过得好不好。其实儿子过得很不好，几次见面，一次比一次瘦，每次看完儿子她都要大哭一场。眼看儿子就要出狱了，她是又高兴，又烦恼，高兴的是自己的孩子终于要脱离苦海了，烦恼的是出来之后孩子有案底，找工作难，不知道该怎么办。

我听完后，面带微笑说道："车到山前必有路，船到桥头自然直。有什么发愁的？你儿子在网上卖东西，还可以接着卖，只要遵守法律不就行了吗？"

后来，这位居士的儿子出狱了，来见我。回去后他又在网上做生意，只是这次卖的是正规产品，生意很快就做起来了，后来还开了公司，雇了几个人。

生活中的事真是这样，当时觉得太难了，快撑不住了。其实，咬咬牙，很快就离苦得乐了！

遇困难如攀高峰，站山顶才看美景

每个人在生活中都会遇到困难，遇到困难的时候，心里会感到难受，但是如果能坚持下来，你就会发现，挺过去了，也就不觉得难受了，人的一生就是一个不停地承受困难的过程。站在更高峰的时候，发现原来的困难也是一种美，如果没有了痛苦的反衬，往往还不能深刻地体会到生活的美好。

一位四十岁左右的信士，他开车做生意时出了车祸，撞到了头部，导致颅内瘀血，动了一次手术，把头盖骨打开，排除瘀血，然后再缝合伤口。等到大脑功能恢复之后再把头皮割开，在头骨缺失的地方装上一块钛合金，用来保护大脑，然后再缝合伤口，所以这个过程至少要动两次手术。但是他的伤口感染不能愈合，结果要把装进去的合金再取出来，然后把头皮缝合，等到头皮完全长好之后，再打开把合金装进去，这样反复折腾了一年多。在中间的时候，他去找过我一次，跟我讲做手术太难受了，伤口不能愈合，一天一天的疼，不能动，身体转动的话就压到了伤口，太痛苦了，接下来的手术他实在不想做了。

我了解到他那个时候处于头骨缺失状态，就相当于只有一层肉皮在保护内部的大脑，钛合金还没有装进去。我就用石达开遭受凌迟之刑却一句痛也没有喊的故事来劝他。我说道："石达开与部下一起被清军抓住，遭受凌迟的刑罚，什么是凌迟呢？就是把人绑起来，用小刀把肉一块一块地割下来，直到人的血液流尽而亡。当时他的部下都在喊痛，石达开却怒斥一声：'住嘴！'然后柔声安慰道，'忍一忍也就过去了。'你的头颅动手术至少会打麻药，可是石达开在没有施药的情况下却遭受了一万多刀，一声也没有求饶。你的头颅需要装上钛合金保护大脑，不装怎么行呢？能有多难受？忍一忍也就过去了，以后的日子还长着呢！"

半年后，他健健康康地来找我，带着劫后重生的喜悦把帽子脱掉让我摸他的头，我轻轻地抚摸，里面都长结实了，可是头上却留下一道长长的疤痕。我问他还疼不疼了，他说："忍一忍也就过去了。"许多时候需要忍一忍，挺过了最难受的时候，自然就会好起来的。

1996年我病得最严重的时候，可以说是整日以泪洗面，但所有来看我的领导、同事、同学，还有我的追随者见到我就问："怎么样了？好些了吗？"我的回答就是"很好"。而且我满面笑容。

为什么？他们大多是来关心我的，当然也有其他想法的，不管是带着什么心态来看我，我都会满脸笑容地回答："没事，我一定能好，也一定会好。"因为我还有很多病人等着呢！

给自己希望、目标和任务，每天除了放疗、化疗之外，我就全身心地观想我的病灶处，观想宇宙的光、太阳光照遍我的全身，吸气时光通过周身毛孔进入体内，呼气时体内的病灶排出体外，除了吃饭和睡觉没有观想之外，昼夜观想，每次都会全身发热，脚下流出像豆大的黄水珠，黏黏的，开始袜子都湿了，不知道什么原因，光脚才发现排出的是湿毒。天天这么观想，就不知不觉地，病情慢慢见好，也就忘记了周身难受的感觉了。

要把心用在希望、目标上，转移心念，不能老想着我病啊、我疼啊，自己没有信心，自己恨自己，看谁都不顺，亲人的一个眼神、一句话，自己都会发脾气，自觉他们做什么都不如意，这样只会加重自己的病情，还会给自己的亲人带来身心的痛苦。我们应该自食其力，静下心来想一想，把自己的痛苦告诉别人和亲人只会给他们带来压力和痛苦，也减轻不了自己的病情，况且他们也替代不了自己，既然如此，为什么不给他们一个好笑容，让他们放心，不要担心呢？为什么不回应他们一个笑脸呢？正能量传递的也是正能量，记住，自己的痛苦任何人都替代不了。所以，不要把痛苦转移给别人，这样也能减少接收到的负能量。

一个人不可能让所有的人都喜欢自己，赞叹自己，总会有人对自己有反面观念，自己也总会有对不起别人的语言和行为，那么，自己有病了，那些对自己反面的观念就会带来负能量，这就对自己不利。所以，不管什么人来看望自己和电话问候，一定答复：我很好，一天比一天好，放心吧，谢谢你们！感恩！

就这样，我天天都有好心情，体内促进人体健康的物质能在 24 小时内杀死癌细胞的大部分。如果每天情绪悲观、消沉、生气，发脾气，体内癌细胞一夜之间会几十倍地增长。所以，生命把握在自己手中，生死由己定。这就需要自己掌握自己的心灵和性格，只要想活，就要战胜自己，发大愿，好了以后要孝敬父母，对所有见到自己的人，不管是亲人还是陌生人都要对他们好，语言不伤人，行为要助人，视所有人都是自己的亲人，因为他们与自己同呼吸共命运。这要从内心发大愿，好了一定做到，病一定能好，这也是我病重时的心情，愿天下病人都能康复。我是这么想的，这么发的愿，病好以后也是这么做的。因果丝毫不差，说到做到，写最后这本书的目的，是发愿天下患病之人都能康复，所以我把自己的经历告诉同病相怜的患者，要有自信，天下没有难事，再难的事都不是事，为什么？我们的灵性与宇宙同体，小小地球上的这点事就不是事。

另外，要正确认识生命。老子有句话，"生"是阴阳和合的冲阳之气，"性"是宇宙的法则，"死"是缘尽了，气散了，生命不是永恒的，生是上天借给我们的冲阳之气，性也是上天借给我们的宇宙法则，所以，生死是自然规律，谁也挡不住的。明白此道理，就不怕死，才能正确对待生死。要想对死亡没有恐怖感，要为自己的生存创造条件，念力非常重要，要借这个短暂的生命，尽可能发愿，沿祖师大德、圣贤之路改变命运，相信一定能成功。

以上是心理心念上的作用，世上一切的负能量都是心里想出来的，不仅调好心理心念，热爱运动，还要在生活上、治疗上配合中西医治疗。西医先控制，中医顺势利导，根据生理反应调理饮食，就没有治不好的病。

失去越多，越感快乐

七岁修行不算早，八十回头不算迟。生活中有得也有失，不要执着于失去，当一些事物失去的时候，倒不如轻轻松松地放手，开开心心地走向未来。

战国时期，楚顷襄王沉迷于享乐，导致国力日渐衰微，有一位大臣叫作庄辛，多次劝谏，可是楚顷襄王却不听从，庄辛没有办法，只好辞去官职来到赵国。后来，楚国被秦国打败，楚顷襄王非常后悔当初没有听从庄辛的劝谏，便派人想办法把庄辛从赵国找回来，寻求拯救国家危亡的办法。庄辛讲了一个故事：有一家人，有一天发现羊圈里的羊少了一只，邻居跟他们讲，羊圈有一个洞，狼从洞口钻到羊圈把羊给偷走了，只有把洞补好，羊才不会丢失。可是那家的主人不听，结果到了第二天早上，羊又少了一只。最后那家人接受了邻居的劝告，把羊圈修好，从此以后，再也没有丢过羊。楚顷襄王听完后有所感悟，决定弥补过失，重新振作，把国家治理好。

楚顷襄王就是一个很好的例子，他没有执着于过去已经失去了的，能够从失败中走出来，面对新的生活，可以说是非常好的。

有的人辗转半生，却一无所获，可是并没有执着于过去所失的光阴，能够从过去的教训中收获养分和快乐，反而成就了未来。比如说国画大师齐白石，年轻的时候就开始画画，可是直到六十多岁才成名，几十年的岁月想必他失去了很多，可是他并没有因此而难过，反而成为一代大家，可以说是非常值得人尊敬的。

生活中这样的例子还有很多，失去了的，终究难以挽回，不如笑一笑，作为一笔精神财富储存起来，未来一定会更精彩。

受苦果，得福报

"亚圣"孟子曰："**天将降大任于斯人也，必先苦其心志，劳其筋骨，饿其体肤，空乏其身，行拂乱其所为，所以动心忍性，增益其所不能。**"一个人如果想担大任，必须经历一番苦楚，因为每个人都有许多天生的缺点，这些缺点会阻碍一个人走向成功，只有经过苦难把缺点都磨砺掉，才能化茧成蝶，走向成功。

十几年前，我曾讲过一节受苦果才能得福报的课。本来我已经把这件事情给忘记了，可是后来两位信士提醒了我，以至于到了今天那些记忆还清楚地存在我的脑子里。

那是七八年前一个夏日的午后，我在讲课，台下面坐着一对母子，从头至尾，温馨而满怀爱意地看着我，认真地听课。等一堂课讲完后，其他人散去了，那对母子走上前来。那位母亲说："几年前我就听过您的课，当时您说，受苦果才能得福报。"一番谈话，我才得知几年前，她是爱学佛的人，结果丈夫出车祸意外身亡，她一时间接受不了，一个偶然的机会听了我的课。那一堂课讲的正是受苦果才能得福报。她把许多话记在了心中，运用在生活中，努力工作，辛苦教育儿子。就这样许多年过去了，她靠自己的双手和智慧赚了许多钱，创立了公司，她的儿子也在那一年以高考状元的身份考入了名牌大学，所以她是来谢我的。

我对她说道："你是一位了不起的母亲。"她则说全是托我的福。

一个女人独自带孩子生活多么不容易，我虽然点化了她的心，她却用行动证明给我看，是我点化她，也是她感动我；是我度她，也是她度我。人不管遇到什么困难，都要有一个坚定的自信成功的好心态，不能有自卑和不自信的心念，相信自己一定能行，一定成功，战胜自我。能战胜自我的人在世上就没有做不成的事。

一个人受苦的时候，其实也是他积累福报的时候，更是他积累功德的时候，这就是福德同修。

天有三宝日月星，人有三宝精气神

天有三宝日月星，地有三宝水火风，人有三宝精气神，佛有三宝佛法僧。天地佛这三者我们姑且不讲，单讲一讲人身三宝精气神。

精气神是三个非常抽象的概念。精，简单讲就是人吃食物后，通过消化吸收补充到人体内有用的营养精微物质。气则是这些精微物质与氧气结合的产物，参与身体代谢。神是一个人外貌、精神的整体表现。如果精足气足，神就旺盛，如果精气不充足，那么神就不旺盛。精的生成有赖于气，气的充足与否和精的充足与否有着必然的关系。人体比较好的状态就是，精气充足、精神旺盛。所以说，如果想要身体好，一定要保养精气。

生活中损伤精气的原因有很多，在这里进行一个总结，希望对大家能有所帮助，不损伤精气，便是保养身体。

一是喜欢吃生冷寒凉之类的食物。生冷寒凉的食物会极大地消耗身体的精气，所以这个尤其要忌口，尽量做到少吃或不吃。如果想吃水果的话，尽量榨成汁饮用，这样会在一定程度上减少脾脏的负担。西瓜和啤酒以及冰箱里的冷冻饮食，寒性非常大，平时一定要少吃。

二是多食肉类。现在生活条件好了，交通便利，肉食进入千家万户，《黄帝内经》有云："**气胜形者寿，形胜气者夭。**"延伸到饮食上就可以理解为：吃进去的食物能够运化开就可以营养身体，叫作气胜形。如果运化不开，就叫作形胜气，对人体来讲就是毒素，会在一定程度上影响健康。老年人脾胃机能下降，再吃大鱼大肉，难以消化，就会损耗人体精气。

三是滥用抗生素。现在人有个头疼脑热、感冒发烧、喉咙痛、眼睛红的，全都用抗生素，而抗生素大多是苦寒的，苦寒则伤精气。比如小孩子受寒感冒发烧，其实发烧没什么大不了的，烧过之后把寒邪排出体外，病也就好了，但是这个时候用抗生素，一派寒凉，把升高的体温强压了下去，但是寒邪却没有排出体外，再发烧再用抗生素，这样反反复复，非常损耗人体精气。

四是空调的应用。几千年以来，人们没有吹空调反而过得好好的，自从有了空调之后，却生出了许多"空调病"，比如慢性鼻炎、腹泻、头痛、常年不愈的感冒等。为什么会生这些病呢？因为空调吹出的寒气伤人，所以吹空调也是非常损耗人体精气的。

五是烦劳。现在人生活节奏比较快，不仅工作繁重，而且心理压力很大，一直处于烦劳状态。**人体之气，烦劳则张**，就是说在烦劳的情况下人体阳气往外散失的意思，所以，工作烦劳也是很消耗精气的。

六是作息不规律。现在人夜生活非常丰富，往往到晚上十点甚至十二点还不睡觉。熬夜熬的是什么，正是人体的精气，俗话说，**一夜不卧，百日不复**，长期如此，精气怎么会不亏虚呢？

七是负面情绪比较多。现在人工作生活压力大，容易产生许多负面情绪，这些情绪非常消耗人体的精气。比如说，好好的一个人，精神充足，体力充沛，可是因为某件事而生了一天的气，就会觉得非常疲乏，这正是大量消耗人体精气的表现。

上面讲的损伤精气的原因，许多是可以自己控制规诫的。只有保存好人体的精气才能使精气神处在旺盛而充足的状态，使身体健康。

世人多在"瞎"忙，何曾驻足停留

现在每个人都很忙碌，但是许多人却不曾平静地想一想，生活该怎样规划才能更合理，更幸福。

　　我认识一位居士，她有一个儿子，生活过得还算可以，丈夫在外打工，一年也有不少收入，但自从儿子读了初中之后，她便觉得吃不消了，因为学校是封闭式的，除了交学费之外，每个月还要几百块钱的生活费，再加上兴趣班、课外辅导班等，一年下来要花不少钱。可是这个时候，她却跟我讲，她还想要一个女儿，觉得儿子一个人在世界上太孤单了。

　　我跟她讲，抚养一个孩子非常不容易，要做好心理上和经济上的准备。她说她管不了许多，先要了再说。后来，她的孩子出生了，遗憾的是又生了一个男孩，没有遂了她的女儿愿。

　　后来她又见过我许多次，往往讲的是两件事，一个是经济困难，另外一个是还想要一个女儿。我就跟她讲："其实男孩女孩都一样，以前你不是总说怕大儿子没有人陪伴吗？现在来了一个弟弟，他们兄弟两个在世间相互扶持，即使遇到什么难事也可以照应，这不正是你所想的吗？"她说："总要有一个女儿才算是完美，不枉了世间走一遭。"我说道："人生总会有一些遗憾的，如果你真的想要女儿，就想办法努力赚钱，将来抚养的时候也不会犯难。"她说道："那也是。"

　　又过了两年，她果然有了一个女儿，可是工作却没有大的变化，收入不变，人口却增多了，她的生活陷入了柴米油盐的困境……

　　后来她又找我，不知道该怎么办。我正好认识一些人，给她推荐了一份工作。

　　生活中这样的例子有很多，许多人不能整理好自己的生活，处在瞎忙的状态，平时没事的时候可以想一想，怎样才能脱离瞎忙的苦海。

　　做任何一个决定，都要有充分的思想准备，一是经济，二是工作、生活的能力，还有身体状况。根据自己的能力，有序地安排才能幸福快乐地生活。

做一件好坏事，结一段善恶缘

我们做的每一件事都是在结缘，一切都是缘。有的时候许多事情不顺遂人的心愿，我们往往会说缘分尽了，其实缘分尽了也是一种缘分，所以说，不要执着于缘分，好的坏的都要用随缘的心态去接受，这样才能做到心无挂碍，随遇而安。可以说这是一种对身心健康都非常有帮助的状态。

以前有一位三十岁的男信士，他谈了一位女朋友，双方都见过了彼此父母，眼看就要结婚了，可是两个人一起去旅游，遇上了车祸，结果男信士幸运地活了下来，女朋友却撒手人寰。他非常难过，灰头土脸、暗无天日地过了一年。他的母亲常听我讲课，看他的儿子从过去的感情里面走不出来，就带他来寺里让我开导他。

待他在桌前坐定后，我把茶壶交给他，让他帮我斟，斟满后我却把茶给倒了，说道："我喜欢用茶洗一洗杯子再饮，那样味道更甘醇一些。"他听后不解，但客气地说："师父好茶品。"接着又给我斟满，我又倒掉了，说道："这一杯太满了，品茶不能太满，要不然会破坏心绪，失去了品的意义。"他说道："师父真是讲究。"接着又给我斟上，结果我又倒掉了，说道："这一杯太热，要在茶壶中冷却得刚刚好才行。"他轻轻摇摇水壶，说道："只剩最后一杯了，师父不要讲究了，倘若不喝，就没有了。"他再次给我斟上，结果我毫不犹豫又倒掉了。他说："这次又是为什么？"我说："这次的茶全是根底，肯定不好喝。"

这个人问："师父，您想给我说什么？"

我说："人跟茶一样，不管多好。离开了就是离开了，再也找不回来了。缘分这两个字，长相厮守是缘分，天人永别也是缘分，世上诸事，随缘就好，倘若一意执着，不仅失去了过去，还会丢掉未来，你是你母亲的未来，可不要让她失望啊。"他听了双目含泪道："师父说的是。"

一切都是缘，顺缘随缘，得自在。

一念嗔心起，火烧功德林

人生在世，有的人活得很累，有的人却活得很快乐，这是为什么？因为我们要去理性地生活。理性生活，要做到三条，也就是三种忍耐：一是耐怨害忍，二是安受苦忍，三是无生法忍。我首先来解释一下这三种忍耐各自的意义。

耐怨害忍：对反对自己的、来自对立面的伤害能够忍受，不分别远近地平等耐受。当别人用恶言恶语甚至殴打来伤害我们，或在背后挑拨离间、诬陷等等，面对这些情况心中不产生嗔恨。如果要修持耐怨害忍，首先要消除嗔恨之心。面对外在的恶行，最好的制约力是慈悲心，如果能够产生慈悲心，很快就能消除嗔恨心。

安受苦忍：为了追求觉悟忘身求法，不顾性命安危、一切困苦等，忍常人所不能忍，受常人所不能受，这叫作安受苦忍。《密续》里曾讲到，佛陀为了寻求宇宙人生的真理和自然法则的真相，放下王子之位，舍去世间的荣华富贵，过刀山火海，即使失去性命也在所不惜。

无生法忍：简称无生忍，即把心安住在不生不灭的道理上，不再退堕。

当然，能做到以上三种忍法，人生没有不成就的。通过这三种忍耐，就能明白为人处世时，所有见到自己的人都是同呼吸共命运的，不管对方的语言和行为是否有伤害自己的时候，首先应该反思自己是否有做得不称人心的地方或者表情让对方起了反感，或者其他原因，总之，要时刻反思自己，不以恶对恶，首先做到忍。

首先，我们应该减少内心嗔恨的次数，因为嗔恨容易使人生出祸端，再者就是嗔恨对一个人的健康有很大的影响。科学研究证实，人在发怒的时候，体内会自然而然地产生毒素，这些毒素要靠身体的调节能力代谢掉，所以说嗔恨是非常伤身的。想要拥有健康，就减少乃至戒除嗔恨吧，怒者伤肝，会伤害到自己，要用大慈悲的心态去化解替代它。

其次，如果一个人想要获得成功，需要吃苦努力去争取，如果一味地贪图享受安逸的生活，终究是难以获得成功。

最后，在生活中，如果要选择从事一种职业，或者要完成某件事情的时候，一定要有坚定的信念，不要被事情本身吓倒，这样才能达到快乐彼岸，看到不同的美景。

一念嗔心起，火烧功德林！

第三篇

一字说禅，妙解心事

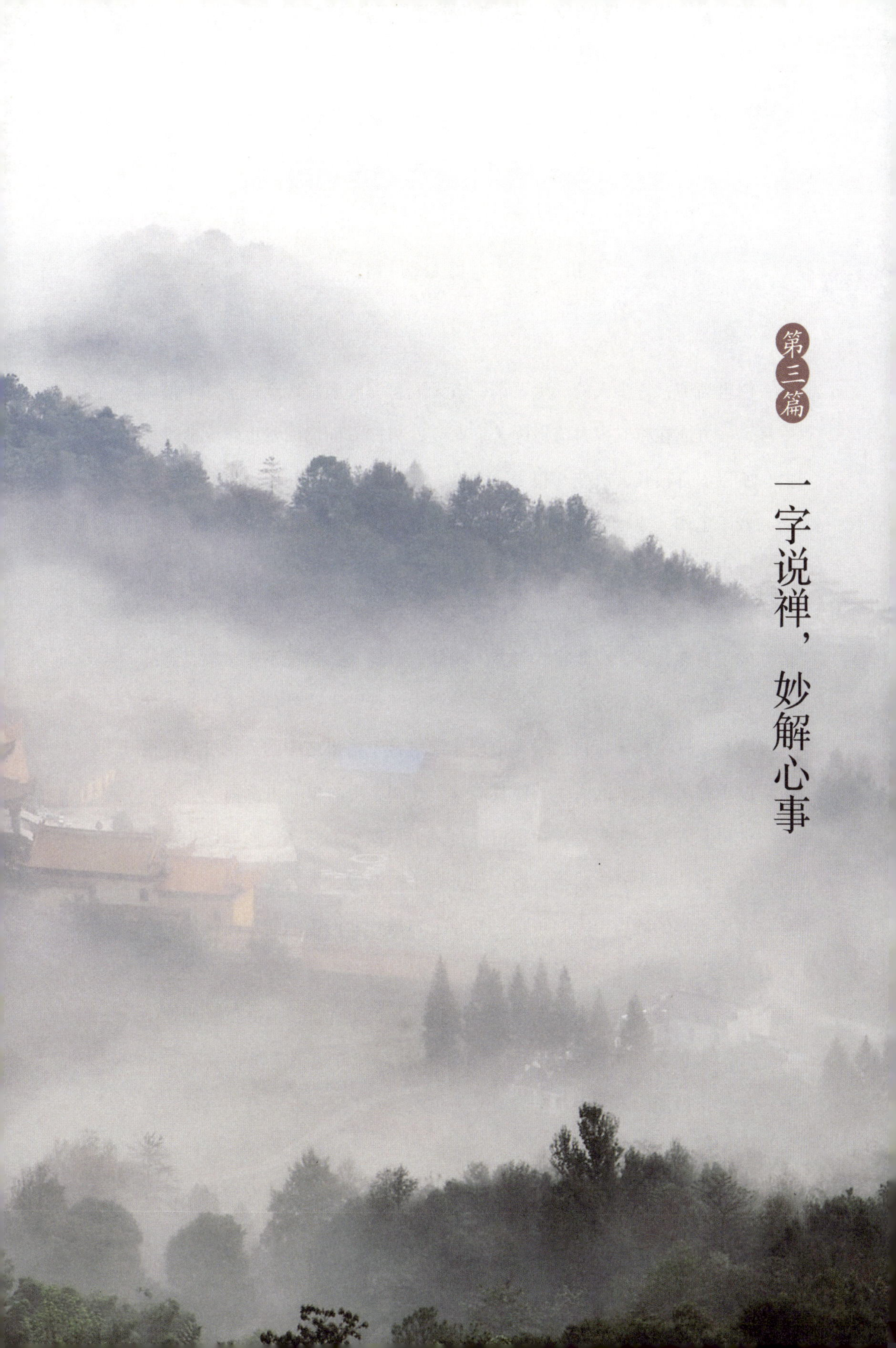

悟——常看自心明自性

俗世当中，许多人的一生可谓一事无成，浑浑噩噩地度过了几十年的岁月，一方面在感叹岁月流逝中苦痛悲哀，另一方面仍旧稀里糊涂地过下去，所以岁月很长，改变却很少。在做一件事情一段时间后，不要疲于生活，疲于工作，要冷静地想一想，才能从混沌中走出来，清醒地看明白形势，作出正确的选择和决定。

我曾经看过一个科学家的讲话，虽然我信仰的是追求生命的真理，他信仰的是自然科学，我觉得二者并不相悖，有的人一生都不曾接触真理的教育，却在很自然地运用慈悲、真善美当中的智慧，这就是人本身的灵性和大智慧。这位科学家讲的很多道理非常适合于俗世之中的人，可以在很大程度上指引一个人的人生，使其能够更开阔、更简单、更幸福。

他讲到人的一生很短，在宇宙中是一个很偶然的存在，所以应当珍惜自己的生命，因为非常难得。后来他讲到宇宙浩瀚，人实在太渺小了。人类觉得原子弹的威力很大，可是一颗原子弹爆炸所产生的能量往往连一颗陨石划过天际所释放的能量都比不上。所以，每个人有这样难得又是这样脆弱的生命旅程，应该简单而快乐地度过。他说工作并没有高低，职业不分上下，他的儿子曾经只想做消防员的工作，他知道消防员薪资不是很高，也知道做消防员非常辛苦，可是他仍然鼓励儿子，喜欢什么就开心地去做。

他还说他曾跳槽过很多次，有的人觉得能够进入一所研究院是一种幸福，可是他在里面待了两年之后就辞职离开了，因为他觉得在里面再工作下去，可以一眼就看得到所有的未来，觉得沉闷而无力，不能让自己开心。他的同学有的投资股票，有的投资房地产，赚了很多钱，但是他对这些并不感兴趣，反而对不是很赚钱的电影剧本剪辑等比较喜欢。

通过这些，我们可以看出他的人生是豁达的，清醒的，健康的，快乐的，有意义的，和那种浑浑噩噩地度一生的人的生活有很大的不同。根本原因在于他清醒，他非常清醒地了解自己所处的地球环境以及地球之外的宇宙环境，他也明白他所做的事情的意义，他也知道自己喜欢什么、不喜欢什么，不喜欢的东西虽然能带来财富，却与宇宙间的快乐人生相违背，他就很轻淡地选择了放弃。可以说他非常明白自己的内心，所以他没有浑浑噩噩。

我们只有常静下心来想一想，才能不断提高，快乐而健康地生活下去。

我——戈壁禾苗怎独存

戈壁滩的禾苗怎能独活？所以，没有别人的帮助我怎么能活下来？我要去帮助别人。

大家生活在社会当中，没有哪个人能独立面对一切，我们穿的衣服要从织布厂到服装厂进行一系列的加工。我们吃的面包从小麦的耕种到磨成面粉再到烘烤成品，仍然需要一系列的加工。一件产品需要经过上百个甚至上千个人的手才能完成。每个人都是独立的，同时每个人又是需要别人的，不管是从精神上还是从物质上都一样。所以，别人每天都在帮助我，我也应该去帮助别人。帮助别人的同时，自己也可以获得快乐，那么为什么不去做呢？

我用智慧帮助了许许多多的人，因为我是医生，不仅要治人的身病，还要治人的心病。我的心愿就是让所有见到我的人，与我相识的人，都能健康快乐地生活。我做到了忘身求法，舍身度人，每天活得充实喜悦，所以身体就能好。

有一个工厂的老板听过我所讲的课程，觉得非常好，他曾问我，怎样去帮助别人呢？我问他是做什么工作的，他说他是一个加工厂的老板，手下有几千人，专门炒制花生的。他还拿出他们工厂加工的花生给我品尝，我尝过之后觉得炒得非常不错。我对他说道："帮助别人其实很容易，你是加工花生的，你把花生加工好就可以了，这样人们在吃到你们工厂的产品后就会觉得原来花生还可以这样美味，岂不是很幸福吗？然后就是把利润压低，薄利多销，质量关把好。这样就会有更多的食客认同你们的产品，销量自然就会增大，可以帮助到更多的人了。"

他听完之后说道："师父虽然不是生意人，却深懂生意之道，见解得极是。"我笑说："我哪里懂得做生意，只是懂一点大家互相帮忙的道理而已。"做生意就是做人，赢利就是赢人心，得到大众认可，生意事业就能成功。

过了一年多，他又来找我，给我带来一些他们新研制出来的产品，并且说公司扩大了规模，产值大幅度提升，用我的理论来讲就是帮助了他人也帮助了自己。我祝贺他，也替他高兴。

其实帮助别人的方法太多了，真善源于内心，帮别人就相当于是在帮自己。

活——舌多沾水才能活

人体每天都要补充大量的水分才能维持身体的健康运转。身体所含水分越多，血管就会相对越柔软，相应的通血量也会跟着增加。人之所以患高血压是因为身体组织器官在单位时间内需要一定的供血量，如果血管僵硬、弹性不足，就容易导致供血量的不足，身体就会启动高血压的机制，通过提高血压来增加供血量。所以，常喝水有一定降低血压的作用。

另外，喝水可以抑制食欲，有的人觉得自己肥胖，需要减肥，在饭前喝水，胃口就会变差，让胃有一种饱腹感。值得注意的是，适当的苗条有利于健康，过度的瘦弱则是一种对身体不负责任的表现，不可为了追求纤瘦而过度减肥。

血液黏度越高，患心肌梗死和脑梗死的概率就越高。另外，血液黏度越高，患感冒的概率就越高，所以经常喝水可以预防疾病。

脱水会导致头痛，特别是在呕吐后头痛症状会加剧，适当地喝水可以有效缓解头痛。

另外，喝水对体内毒素的代谢有非常大的促进作用，所以长期坚持喝水的人，皮肤往往比较透亮，显得更健康。

喝水的时候最好选择热开水，不要太热，最好是比温水稍微热一些。因为热开水除了有以上作用之外，还有其他好处。喝生水或者凉开水，均会给脾脏对水的代谢造成一定的负担，长期饮用容易造成脾阳虚。

热开水除了能够固护脾脏阳气之外，还能扩张人体血管，加快血液流动速度，从而促进全身血液循环，可以起到温阳暖体的效果。

喝热开水可以改善大脑血液供应，可以抑制大脑皮层中枢神经兴奋，让大脑处于休息状态。

那么，具体什么时候喝水呢？我们要按照十二时辰脏腑的运行规律来喝水。

一天的十二时辰对应着人体的十二脏腑。正如《十二经流注时序歌》所说：

肺寅大卯胃辰宫，脾巳心午小未中。

申膀酉肾心包戌，亥焦子胆丑肝通。

早晨 5～7 时是大肠经当令。大肠要排出体内糟粕，所以起床的时候一定要先喝一杯温开水，300～500 毫升即可，然后把双手重叠在肚脐上顺时针推腹，由小到大至胃部 36 圈，然后逆时针推腹 36 圈，从大到小回归肚脐处。再做 30 次腹式呼吸，吸气时小腹鼓起，呼气时小腹放松，意念排便。喝水的作用是为了"增水行舟"，帮助排便。每天坚持下去就不易患肠道疾病。

7～9 时是胃经当令。这时候一定要吃早餐。早餐的样式要多种多样，吃好，吃饱。胃好比清晨的太阳，阳光充足，朝气盛，把吃进胃里的一切食物加工分配。

9～11 时是脾经当令。脾把胃加工好的营养中最精华的物质提取出来，通过脾的运化和新鲜的阳气结合，转送到心脏。

11～13 时是心经当令。在上午 11 点左右喝一杯水（300～500 毫升），可以降低血液黏度，减轻心脏负担，血管壁就不会出问题，还可以减少心梗、脑梗的发病概率。

13～15时是小肠经当令。小肠要把胃分配下来的粗糙食物和水进行二次加工，分清别浊，转化提取的津液分布全身，如我们的眼泪、汗水、骨关节润滑剂等都是小肠的功劳。

15～17时是膀胱经当令。膀胱要把过滤后身体不需要的脏水排泄出来，就是尿。所以15～16时要喝一杯水。

17～19时是肾经当令。肾主骨生髓，充于大脑，肾脏要把体内转化的饮食精华，收藏壮体。

19～21时是心包经当令。心包是心脏外围的保护神，人心里不舒服、心烦、心悸等症状，大多是心包失调，以致情绪不稳。从生理学上来说，大肠的交感神经兴奋，交感神经管理的是喜、怒、忧、思、悲、恐、惊。从中医角度讲，喜伤心，怒伤肝，悲伤肺，惊伤肾，思伤脾。所以，心包经管得很全面，心包功能如长时间不能平衡，便会导致心脏疾病。交感神经兴奋就会导致自主神经功能紊乱，饮食不正常，消化功能就差了，所以，要保持情绪稳定。

21～23时是三焦经当令。三焦，就全身而言，上指头，为上焦；中指腹部脏腑，为中焦；下指足，为下焦。单说脏腑而言，心、肺为上焦，脾、胃、肝、胆等为中焦，肾、膀胱、大肠、小肠为下焦。三焦从头到足上下贯通，不能有阻碍，如有不畅，就是病！三焦是管全身的，此时需喝300～500毫升水。

23时～次日1时是胆经当令。胆要分泌胆汁，对体内血液进行过滤，所以需要提前喝杯水增强胆的解毒功能。

凌晨1～3时是肝经当令。肝要解毒分化，睡前喝一杯水能减少肝胆消耗的能量，维护肝胆的功能。

凌晨 3～5 时是肺经当令。有肺部疾病的人在此时间会咳嗽、吐痰，如是黄痰说明肺部有炎症，睡前可用 30 克百合加 500 毫升水煮汤，汤汁煮至 300 毫升，盛出晾凉，连同百合一起吃掉。如吐的是白痰，就要吃补益的，如取山药、杏仁各适量加粳米煮粥吃。咳嗽要喝 300 毫升热开水，有助于缓解咳嗽，帮助早日康复。

总之，喝水对人体的代谢与健康都是非常有好处的，但是要注意，不可从一个极端走向另一个极端，过度饮水会给身体造成负担，要尽量做到按脏腑当令规律来饮水，以保持身体水液的平衡。

性——找到自性见光明

性是什么？是诸法永恒不变的本性、自性、本体。心性，心性本来不二，不过有真妄、动静、昏明的不同。性就是本性，也就是未动心之前的心，它好比是水。心就是心念，也叫妄心，包括各种感受、印象、思维、认识等思想现象，它好比是波。水与波同是湿性，本来不异，但是波是动相，水是静相，波动则混乱，水清则月现。这样，水与波又是不一，所以心与性是不一不异的。

性相：性就是诸法永恒不变的本性，相就是诸法显现于外可分别的形相，无为法为性，有为法为相。性相一如，所谓理性和事相融通无碍，性如水，相如波，水是水，波是波，所以说"性相一如"。

我们要"明心见性"，控制自己的欲望。为什么？因为我们要明白世间万物都是无常的，生不带来死不带去。不要被欲望所牵累，而应主导和收敛欲望。如果一个人的欲望太深，必定会引起祸端，伤及自身。

比如说一个人性情暴躁，非常容易发脾气，那么他的人际关系往往就不会太好，而且容易跟别人发生口角引起纠纷，甚至动手打架。另外就是气大伤身，对自身的健康有很大影响。所以说，要控制好自己不发脾气，做到礼让谦和，退一步天空海阔。这样，不仅可以拥有良好的人际环境，也保养了身体健康，为什么不努力去做呢？

有一位信士，为了工作，加班加点，甚至熬夜，最后身体终于垮了下来，吃不好，睡不好，工作也没劲头，后来让我给诊一诊，望闻问切之后，我对他说道："你先天的体质很好，可是熬夜太多，慢慢地把身体透支了，我给你开一些药，吃完后可以再来一趟，我给你看看，但一定要记住，早睡早起，再也不要熬夜了，要不然，就是吃药也治不好你的病。"他听了之后连连答应道："一定听师父的。"

药用完之后，他来复诊，精神面貌好多了，脉象也改观不少。我又开出方子，抓了药后我对他说："药吃完后，病就好了，但是不能再熬夜了，就算是工作赚钱，也得有一个好身体才行啊。"他说了些感谢的客气话就回去了。

在生活中每个人都有欲望，通过打坐参禅或者修心可达到明心见性的境界。但是俗世中的人往往不了解禅修打坐等方法，怎么办？通过网络就可以找到禅修打坐的方法。另外，本书中也有禅修之法，细细看吧！

正——从一开始便止心

我们在生活中要少欲望，少邪念，少恶念，身心才正，五脏六腑才正，才不会生病。为什么欲望、邪念、恶念多了会导致人生病呢？其实道理很简单，比如说，一个人食欲非常旺盛，脑子里总是想着许多好吃的，如果求而得之，就会吃到许多美食，这样容易造成消化不良，伤害脾胃之气，容易患消化系统疾病。如果求而不得，内心就会落下亏空，不能圆满，这样就会产生不良的情绪，对气血脏腑是一种恶性刺激，时间久了，必然发展成病患。邪念、恶念也是一样的道理，如果邪念得到实现，内心自然而然地会有负罪感，是一种不良的情绪；如果邪念没有实现，内心同样会有负罪感。所以说，在生活中要少欲望，少邪念，少恶念，这样才不会生病。

在产生欲望、邪念、恶念的时候，要知道自己是人，孔夫子说："人者，天地之德，阴阳之交，鬼神之会，五行之秀气。"所以，从邪念一开始产生就要在内心提醒自己停止，这样才能归于正途。

比如说色欲，现代人都很开放，特别是在夏天的时候，满街的美女，露出体段肌肤，寻常人定力有限，看到后就会引起欲火，有了欲火就想寻求发泄，这种事情做得多了自然就伤害到身体本元，如何不生病呢？如果在一开始看到的时候，马上警告自己，这是色欲在作祟，应当及时止住，这个时候眼睛自然就从美色上移开了，或者说即使再无意看到，美色仍是美色，但欲望之心已经不再有了。

再比如说，夏季的时候人们容易贪凉，看到卖雪糕冷饮的就引动馋涎，忍不住去买，结果吃了一个就觉得非常凉爽，忍不住再买一个，口腹之欲是满足了，却害苦了身体，因为脾脏最害怕寒凉之类的食物，短期食用可能会引起拉肚子，长期食用则容易造成脾阳不振等一系列病症。正确的做法是，虽然看到了，也知道雪糕冷饮能解暑消热，但还是及时止住自己想吃的念头，这样就不会贪凉去买来食用了。

咱们看这个"正"字，为什么横平竖直，没有撇捺钩点？就是教我们做人做事要正，要真。生活中有各种各样的事物能够引动人的欲望、邪念、恶念等，一定要及时止住内心，才算作正，才不会由此而生病。

恕——多体他人如己心

做什么事都要将心比心，多体谅别人。现在社会，人们多焦虑啊，焦虑本身就是一种无形的压力，所以要多体谅别人，这样才能处理好人际关系，利人也利己。

古语曾言，**己所不欲，勿施于人**。说得非常好，自己不喜欢的，就不要送给别人，因为别人往往也不喜欢。

比如说朋友间相互借钱的事情，如果朋友一时间周转不过来，不要频繁催促，等他转动过来的时候，主动就还上了。当然也不要因为自己的事情让朋友帮忙，超出了他的承受范围，因为每个人都不容易，要适可而止。

古往今来，就算一个人犯过再大的错，知错能改，回头是岸。浪子回头金不换，每个人都会有大大小小各种各样的问题，需要他人的体谅和宽恕，同时自己也在扮演体谅和宽恕的角色，只有这样，社会才能更和谐，人心才能更温暖，人际关系也才能更融洽。

恕是什么？如我心！任何时候都要想着别人，就像对待自己的心一样，这样就会宽恕别人，哪里还有那么多烦心事呢？

容——心里住下八口人

一个房间里住了八个人，挤不挤？不觉得挤，那就是"容"。我们每个人心里要容得下八个人、十个人，甚至天下人，我们心大了，才能觉得幸福。一个人要有一定的容人之量，一定的心胸，如果容纳不下别人，在这个复杂的社会中肯定处处碰壁，时时生气，这样怎么能健康呢？

有一位信士，她总是跟她的儿子生气，她说她的儿子非常非常懒惰，不知道做饭，不知道拖地，不知道刷碗，总之是一切家务都不做，整天待在家，也不出去跟别人交流，人家的孩子都买车买房了，他却一事无成。自己一看到他就犯愁，不知道该怎么办，最近准备把他撵出去，不让他住在家里了。

我问道："你儿子是做什么的？"她说儿子是一名工程师，从小一直都住在学校，毕业后仍然是在外面工作，最近几个月回家了，整天在电脑上设计图纸，以后就在家住了。我说："这不是挺好的，一来母子可以团聚，二来可以在家工作，不用在外奔波，你又没什么事，照顾一下他的饮食不是挺好吗？至于做家务，应该是工作比较忙，没有时间做吧。赚钱买房什么的不要心急，有的鸟儿起飞得慢，但是却飞得高远，只是短时间内还看不出来。工程师是一个多好的工作呀，我都替你骄傲，你还有什么不满足的呢？"

她说："他不在家的时候倒是想他，真的回来了又觉得讨厌，现在倒是不用怎么管他，每天多做一个人的饭菜就可以了，但是他就是达不到让我满意的境地，不能叫我觉得诸事顺遂。"

我说："你要有容人之量，不要总是管着他，他虽然是你的儿子，但也是一个大人，怎么能让你处处顺眼、事事顺心呢？另外，孩子现在已经长大了，你的这种管教反而成为他的负担。最好的爱是学着把手放开，你现在这样对他在很大程度上是容不下他。你以后不要管他了，他待在家里，你就给他做饭吃；他要出去，你也随他。总之，他想怎样就怎样，你不要阻碍他。我相信不管是他的事业还是你们的关系都会好起来的。"

她想了一想，说道："师父说得有理，我回家试试。"又过了几个月，我见到她，她跟我说，她们母子不吵架了，关系好了许多，并且儿子涨工资了，有一次发工资后还给她买了许多东西，她非常开心。

心要大，容得下每个人，自己也会从中受益。

多——太阳落山日复日

一讲到多，我们都想多有钱，多有房，多有车，但是大家有没有想过，多的字形是两个"夕"，代表着太阳一天天落山，我们的年龄也越来越大，所以我们要珍惜时光，去做有意义的事。

这个世界除了车、房、钱之外还有许多有意义的事情。比如说好好读书，比如说多献爱心、助人为乐、孝敬父母等，这些都是值得去做也是非常有意义的事情。

有一位信士与我相识多年，他很后悔当初没有珍惜时光。他跟我说道："一生当中只有一次年轻的岁月，失去了便再也回不来了，这就像是夏天的西瓜，只有在夏季的时候是最好吃的，也是最想吃的，如果整个夏天都没有吃到，到了冬天，大棚里面种植的西瓜下来了，可是已经不是那个季节，也不是那个味道了。遗憾的是，人生的春夏秋冬只有一次，遗憾终究是遗憾。"其实这位信士非常富有，家里有几套房子，豪车也有几辆，可是这些都难以弥补逝去岁月留下的遗憾。

还有一位信士，他听过我的许多课程，有一次他跟我讲话，说："您用佛学解释生活的时候，我觉得非常好，我也容易明白。"我笑着说："只要有所受益就好。"他说道："师父讲得有道理，当你讲到孝敬父母的时候，我就觉得非常后悔。那天听完课后，我找了一个安静的地方流了许多泪，我父母去世得早，我又总是不成器，最后在父亲将要去世的那段时间里，我忙于工作，都没有好好陪过他，我是一个不孝的儿子。"说到这里，他又哽咽了起来，我安抚他的肩膀说："子欲养而亲不待，这是人生很容易出现的遗憾，事已至此，追悔也无益，不如好好活着，不再伤感，你父亲在另一个世界看到你活得很好，他也就安心了。"他说："师父教诲得是。"虽然如此，我仍然知道，他心底的痛需要靠时光的流逝才能渐渐地淡去。

岁月无情，流水易逝，我们应该珍惜光阴，做有意义的事情。

功——工作用力才成功

能称作成功的事情一般都没有那么容易，所以往往需要付出许多的心血和努力才能获得成功。现在整个社会的风气都比较浮躁，没有二十几年前那样淳朴与真实。许多人不肯踏踏实实做事情，反而是投机取巧，妄想通过捷径获得成功。但人们常常是兜兜转转过了许多年才发现，想要获得成功，还是需要踏踏实实的努力。还有的人比较懒惰，不愿意动脑，不愿意动心思，却也想获得成功，但总是到了某一天，自己的成绩出来之后，和成功的人做比较，才发现，自己差得太远，才明白自己的功夫还是下得不够多。

我能有今天的小小成就，是我爱医学和武术如爱自己的生命。在医院工作时，早上八点上班，我五点就起床，练武功，体验经络穴位在体内的感应；六点做饭，一个小时简单吃饱；七点半之前一定到科室，准备学习专科难病资料；八点正式工作，接待病人，一心一意地让所有来找我的病人都能少花钱治好病。所以，我就要比别人多付出十倍二十倍的努力工作和学习。中午我很少回家，下午五点半下班，可总是待到晚上十点才能到家。天天月月年年如此。爱事业，就要干一行爱一行，要专，要精，必须做到别人会的自己要会，别人不会的自己也要会；别人能做到的自己要做到，别人不能做到的自己也要做到。没有坚定热爱自己专业的心和战胜自我的心，是难有成就的。想要取得成功，必须付出比常人多很多倍的努力。

有一个年轻人，经常到寺院里面做义工，时间久了，我就跟他熟悉起来。据他讲，他在一个软件开发公司上班，一开始只是一个小职员，但是短短两三年的时间就升为主管。我向他道贺，顺便问他是怎么做到的，他说他的生活很简单，工作之余他仍然没有放松，一直在不停地探索研究，所以时间长了，自己的技术得到了公司的认可。在房间里待得太久觉得闷了，这个时候他就会到外面转转，做义工什么的，既放松了心情，又帮到了他人，他心里很满足。

我在想："不仅修习佛法如此，工作亦如此，不肯下力，不肯用心，怎么会取得成功呢？"

舒——舍己予人才舒服

予人帮助，予己快乐。帮助别人本身就是一件幸福的事情。我想起在寺里做义工的那些人，他们为什么花费自己的时间、劳力，却不图任何回报？我觉得他们是有收获的，在他们付出自己善意的同时，也会收获自在和坦然，这是一种良性的心理状态，无论是对一个人的心理健康还是身体健康都有不同程度的帮助。

我幼时在少林寺，有天和几个师兄弟约好去嵩山游玩。刚开始游玩我们就遇到一个人，从大树上掉下来摔断了腿。20 世纪 50 年代可不像现在，交通发达。当时山里人烟稀少，如果遇不到人，他就可能会有生命危险。我和师兄弟把他扶起来，给他正了骨，用几根笔直的树枝缠上布条固定好，替换着背他走了十几里的山路，到了少林寺，又让寺里的师父做进一步治疗，还用车子将这个人送到了家里。后来，他经常给寺里送面送粮。这个人身体特别棒，我患癌症以后，他还经常来看我。

舍是付出，我和师兄弟外出，放弃了自己游玩的时间救助了他，丝毫没有因不能痛痛快快地玩耍而遗憾，反而更加开心舒畅。

第四篇

少林锻炼法，炼出好身体

站桩站到浑身抖，全身经络得通畅

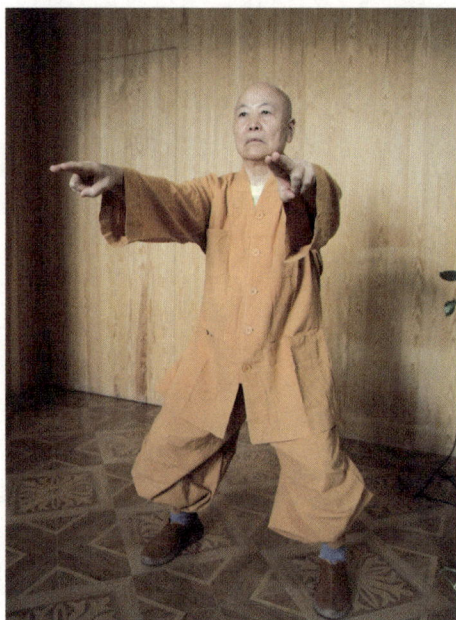

站桩

　　关于站桩，可以讲的内容太多了，它是我们老祖宗传承下来的锻炼身体的方法，有多种姿势，不同的锻炼方法。花样虽多，门类虽别，但是有一点是共通的，它可以从根本上改善人的身体。可能很多人没有接触过站桩，不知道这个世界上还有这么好的锻炼方法。

　　很多人患有慢性疾病，如阴虚、阳虚、气虚、血虚、神经衰弱、风湿、类风湿、失眠等，都可以通过站桩慢慢调养。

　　站桩到底练的是什么？练的是内力，内力增强就是身体的根基增强。

寻常人的内力比较弱，但是通过不懈的努力，却可以达到十分强健的状态。站桩练的还有功架。可能"功架"这个词一般人不理解是什么意思，它通常用在功夫当中，比如说一个人功架坚实，那就说明这个人通过传统武术的训练已经达到了一种境界，不仅是手力大、腕力大、腰力大、脚力大、腿力大，而且全身上下每个部位的力量都强大，整个身体架子都扎实。简单一点讲，没有进行站桩训练的寻常人，就像一棵非常瘦弱的树苗，经不起人的推拉，而长期进行站桩训练的人就像一棵强壮的大树，虽然几个人合力，但仍然是推之不移、拉之不动。

那么站桩应该怎样练习呢？在这里，我结合少林传统功法马步桩来进行详细的讲解，所谓一通百通，了解了马步桩的训练方法，其他桩法不需要特别详细的讲解，只需要对姿势有所了解，就明白它怎么锻炼了。

马步桩首先是"桩"，因为它就像树桩深深扎在土地里一样牢固，随着功夫的加深，自然就可以体会到什么才叫作真正的功夫，人立地一站，也可以像木桩一样牢固。另外它也叫扎马步、作地盆，或者四平大马。

站马步桩时，身体自然站立，双脚分开，宽度为脚长的 2.5～3 倍；双脚外开，身体自然下蹲，一直蹲到大腿与地面保持微平的程度。双脚十趾轻轻抓地，重心落于两腿正中，膝部外展与脚尖垂直，裆部自然撑圆，保持头正颈直，含胸、收腹、立腰、开胯、收臀。双手合掌，放在胸前，双目微视前方。

基本姿势是这样，但是在练习过程中，不必过分去追求姿势，重要的是内在精神，只要神意充足，姿势略有不同也不影响锻炼效果。如果一开始就严格按要求去做，精神意念往往会停留在浅表的外在姿势上，而不能深入到锻炼效果这个层面上来，所以，姿势大致如此便好，随着锻炼次数的增加，内力的不断加深，再去慢慢体会其中的奥妙。大家刚开始练习的时候往往很难保持正确的姿势，这个时候，可以不用站得那么低，保持大腿微曲就可以了，双脚之间的距离也可以根据自身的状况进行适当调整，但是姿势的其他要求保持不变。如果是双脚距离调整得过宽或过窄，必定要违背自身的舒适感与其他对姿势的要求，这个就需要大家去体认和感悟了。比如说双脚距离过窄，裆部肯定不能撑圆；双脚距离过宽，胯部会有不适感。经过多次练习之后，随着对桩功感悟的加深，无论姿势是高是底都能做到合乎规矩，不违背锻炼的章法。

除了姿势，最重要的就是内在的神意。首先要在保持姿势的基础上做到放松。这个放松是需要解释的，因为一般人虽然懂得放松，但却不知道怎样去衡量放松。放松的要求是身心不可用力，即身体不用力，内心也不用力，这样的放松才是彻底的放松，只有做到松得彻底才不会阻碍内气在体内的流动。

在扎马步的时候，有可能是三五分钟，也有可能是一两个小时，这要根据练习者个人体质来决定。体质弱的，气血必定浅薄寡少，站不到一会儿就全身发抖。体质强的，必定气血充足，浑厚而扎实，这样他能坚持的时间就久一些。随着锻炼次数的增加，身体会越来越强。人的精神意念应该内守，去感受体内气血的流动，一开始身体气血不通畅，不容易感受到，但是也应该细心地去感受。如果它似涓涓细流，那就去感受这个涓涓细流。如果它经过多日锻炼后蓬勃壮大，似滔滔江河，那就去感受这个滔滔江河。这个感受是什么意思呢？就像月光照在小溪或大河上面，虽然照在上面，却丝毫不影响水的流动；就是精神守护着体内气血的流动，但是只轻轻地守护，并不用精神改变，因为神驭气，精神是可以改变气血运行的，所以精神虽然守护但却不改变它，便是此间的真意。其实在锻炼的时候，我们一般只能感觉到气，感觉不到血，但是那只是一种感觉，不用过分纠结这个问题，只要照前面所说的去做就可以了。

站桩时，双眼要微视前方。这个是很有讲究的，如果睁开眼睛看定前方，必定精神都散了出去，就不能做到内守真气、感受流转了。如果闭上眼睛，注意力不集中，掌握不了身体的平衡，容易摆动。为什么精神要内守？因为神驭气，如果精神外驰，必定会导致体内气血的改变，造成心烦意乱，就站不下去了。人体是复杂而精微的，气血的流动也是有一定方向的，功法锻炼所导致的方向是合乎人体健康的。内功锻炼所讲的偏差或走火等便是站桩时心不专，只要专心就不会出错。练习站桩的时候会出现手足麻木等现象，这没关系，站完后自然就恢复了。站完桩一定要做周身拍打，从内侧到外侧，从上到下，这样就会非常舒服，然后会感觉到周身发热，这就是促进全身血液循环而达到治病强身的结果。

另外需要讲的是，身体的姿势一定要顺，也就是功势顺，如果功势不顺，就会造成气血不通的情况。怎么判断功势顺不顺呢？上面已经讲过，功势要在正确的基础上务必做到舒服自然，这样的功势一定是顺的。

再者就是练习的时候，身体是保持静止不动的，但是内气却是循行不息的，虽然是静止的状态，但却在内气运行的情况下悄悄地改变了体质。但是这样讲也不全然，其实一开始的时候身体承受不了，锻炼到后来的时候，身体就会出现出汗、颤抖等情况，一次锻炼往往到这里就要停下了。还有就是有的人体质比较弱，承受不了长时间站桩的强度，这个时候站立的姿势可以适当调高一些，就会比较轻松。因为桩功本来就是在动静中锻炼的，出现颤抖不要怕，那是初期体力不够的表现，练到一定程度自然就不抖了。但是这里面有一个准则，就是即使颤抖，仍然要保持内气被精神守护，等到身体慢慢强壮起来，身体可以承受，自然就不抖了。这时候就会发现身体变得强壮，精气神充足，身体的很多疾病就消失了。

还有就是练功环境和时间的问题了。练功时最好选一个安静的环境，不能受人打扰，最好不要有嘈杂的声音扰乱心绪。打雷下雨的天气不适合练习站桩。练功的时间，可以早上一次，晚上一次，每天只练习一次也可以，坚持时间要根据个人体质而确定。

有位居士一次到古禅寺见我，回佛光寺的路上他开车送我。期间聊天的时候他说自己最近老是爱忘事儿、脖子疼腰疼，总之各种不舒服。我就跟他说："回去站桩去，站到浑身发抖。"那位居士站了半个月，这些问题全都没了。

用扳指法炼十指，悄然疏通手六经

扳指功可以开经通络，增强内力，是一种非常好的锻炼方法。此功法需要以少林马步桩功作为根基。在练习扳指法之前，需要进行三十分钟左右的马步桩功锻炼。马步桩功的锻炼方法在前面已经讲得非常清楚了。

在进行马步桩功的锻炼之后，分别依照食指、无名指、拇指、小指、中指的顺序对手指进行相反方向的扳压。扳

扳指功一

压的时间为一分半到两分钟。一指扳完停两秒钟再对下一指进行扳压，双手十指全扳过为一遍。最好依照上面的顺序扳压脚趾，效果更好。如此练习，体内会有温暖的感觉，手上的内气流动感也会加强，有的人还会出现身体前俯后仰的震动感，感觉体内有一股热流在循环，流转不息。如果能够坚持三个月以上，不仅可以祛除疾病，还能够强身健体，使体力充沛、思维清晰，全身好像有用不完的力量。扳过所有指头之后，最好再进行五分钟左右的马步桩功练习作为收功。

扳指时需要注意的是，动作须缓慢，以免发生意外伤害。练习过程中如果出现头晕的现象，不用担心，休息片刻，自然会慢慢缓解。

有一位居士的儿子从小体弱，我把这套扳指法推荐给他，让他回去之后日日坚持锻炼，不可松懈，时日既久，身体自坚。

过了八九个月，我又见到他父子二人，他儿子脸色红润，说话中气十足，

扳指功二

完全不似先前一副弱不禁风的模样了。他叫我师父，并且握着一双拳头跟我说，他长结实了。我也替他高兴，他父亲则不住地谢我。我说："不用客气，坚持练习，身体会越来越好。"

扳指功，可祛病延年，增强体质。

脚趾勤抓地，腿壮人不老

人体的各个脚趾与脏腑相通，足太阴脾经、足厥阴肝经、足少阴肾经、足太阳膀胱经、足少阳胆经、足阳明胃经，都是从脚趾延伸到头。

所以，脚趾抓地可以开通经络，促进气血循环，同时还可以强化脏腑，是一种非常简单有效的锻炼身体的方法。

操作的时候，直接用脚趾抓地或者抓鞋底就可以了，一次坚持五分钟。既可以两只脚同时进行，也可以单独轮换进行。一天可以锻炼两三次。

有一位信士，他工作的性质决定了每天必须长时间坐在电脑前。有段时间他胃口不太好，大便黏腻，有口臭，让我给他调理一下。我问过情况，说道："你的问题不大，不用开药了，我给你介绍两个小方法，你每天记住练习，慢慢地身体就会好起来。"他很有兴趣地听我讲。我说道："这两个方法都很简单，一个是你每天都要坚持走路一个小时，因为你长期坐着，影响脾胃运化，所以需要通过运动带动脾胃运转。另外一个是以脚趾抓地，一次抓三五分钟，每天做两三次。"他听完后，回去按照我的要求去做，过了许多年，他的脾胃问题没有再犯过，并且吃什么都觉得香，食欲明显增强。

这个锻炼方法我也经常用，没事的时候就练一会儿，不止是对脾胃，对人体的各个脏腑都有一定的好处。

人活一口气，打开身体两"气门"

膻中穴与气海穴是人体奇经八脉中任脉的两个大穴，对人体有着至关重要的影响作用。经常按揉这两处穴位，相当于打开了人体的气门，一能补气，二能理气，对人体有着非常良好的保健作用，能养生，也能祛病增寿。

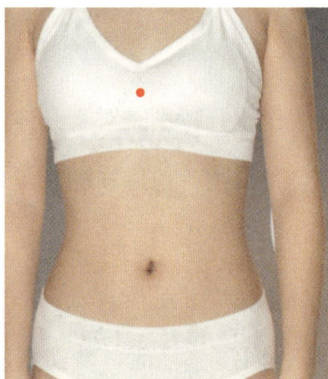
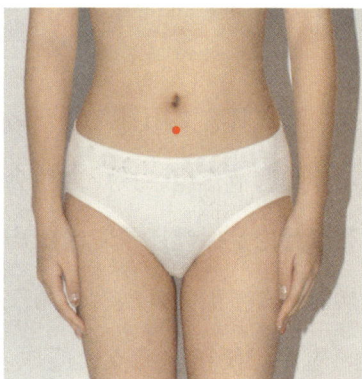

膻中　　　　　　　　　　气海

膻中穴的位置非常好找，它位于两乳连线的正中点，按揉膻中穴具有开胸解闷、理气补气的作用，尤其是补中上焦之气。按揉之后，你会发现胸中及头部内气涌动，精神大爽，你的心情也会为之变好。因为它首先把体内散乱的气归于正道，然后给人体补充了一部分气，并开通了经络，就相当于它把人体的能量通道刺激得更通畅了，而且把散乱的能量有效地收集起来，归于通道中，再给它补充一部分能量。这样，无论是大脑还是胸中的各组织器官都得到了内气的滋养，自然就会觉得精神舒爽。所以说，按揉膻中穴具有一定的养生效用。

这是对健康的人而言的，如果是身患疾病的人，按揉膻中穴具有宣肺化痰、通阳化浊、止咳平喘、开郁散结的功效，能够治疗胸闷心痛、咳嗽气喘等症状。另外，膻中穴属于心包经的募穴，所以按揉膻中穴具有清心除烦、安神定惊的作用，可治疗心烦、心悸等病症。

按揉的方法很简单，或指或掌，顺逆时针交替进行，手法要柔和、均匀，每日早晚各一次，每次 3～5 分钟。

气海穴位于人体正中线肚脐下 1.5 寸处，如果由于身高原因，可能会存在略微偏差，可以将肚脐与耻骨正中连线，然后十等分，靠近肚脐位置的第三等分点便是。

按揉气海穴具有温阳补气、开络通经的作用，特别是对于身体的中下焦具有很好的调节作用，按压之后会觉得全身温煦，仿佛注满能量，精神安定平和。无论是保健还是防治疾病，都有很大的作用。

按揉气海穴主治的疾病有乏力气虚、身体羸瘦、脏器衰惫、虚脱、水谷不化、腹泻、便秘、痢疾、遗尿、遗精、阳痿、早泄、梦遗滑精、小便不利、闭经、痛经、月经不调、崩漏带下、四肢乏力、腰痛、食欲不振等。

气海穴的按揉方法与膻中穴的按揉方法一样，只是力道需要更轻柔一些。最好每次对两个穴位一上一下都进行按揉，这样日久自然可以调通上中下三焦，增强体质，赶走疾病。

学会金鸡独立式，精力充沛如雄鸡

金鸡独立

金鸡独立的练习方法非常简单，而且对场地和环境基本上没有什么要求，除了患有高血压及眩晕症的老年人外，几乎人人可练，且健身效果非常好，有助于增强体质。

首先讲一下金鸡独立的操作方法：双手自然下垂或平举，闭上眼睛，任意抬起一只脚，看看能坚持几分钟，一般人一开始能坚持几十秒就很不错了。它的关键之处在于闭上眼睛和抬起一只脚，对手的姿势并不做过分强求，完全随个人喜好。站的时候，可一脚单站，也可以轮换进行。

练习金鸡独立能够带来很多好处：

第一，可以锻炼身体的平衡感。当人闭上眼睛的时候，完全靠大脑的感觉去控制身体，所以，如果一个人能够练好金鸡独立，那么他的平衡感一定是非常强的。同时，练习这个功法非常需要耐心，所以能增强练习者的毅力。

第二，金鸡独立看似简单，实则非常不容易，它需要不断地消耗人体的能量才能将平衡维持下去，所以，它能消耗人体脂肪，塑造完美身形。许多现代人处于营养过剩、偏于肥胖的状态，可以经常练习这个功法。

第三，练习金鸡独立的时候，需要高度集中精神才能保持平衡，所以它能够暂时清空大脑中的一切，专注于身体的平衡。这样，可以有效缓解工作、学习及生活中的压力。

第四，练习金鸡独立的时候，需要通过大脑来调节身体的平衡，这样可以有效锻炼小脑和脑垂体，能够预防老年痴呆。

第五，练习金鸡独立时，气血从心脏流向脚底，能够强化下肢力量，并且带走肾脏排出的垃圾，起到强肾补肾的作用。另外，它对颈椎病和糖尿病也具有一定的疗效。

忙于工作的年轻人，或者已经退休的老年人以及小孩子等，没事的时候，在家中或公园中都可以练习一下。

常练弹指功，远离鼠标手

弹指功的练习方法很简单，首先需要进行少林马步桩功的训练以培蓄内力，待内气充足，觉得浑身上下扎实有力的时候，可以进行外功的训练，但是内功仍需要每日练习，不可偏废。通过对弹指功的练习，可以开经通络，治疗腕管综合征、胳膊疼等疾病，也可以增强体质。

弹指功一　　　　　　　　　　　　　弹指功二

　　对于少林马步桩功，前面已经做了详细介绍，所以此处不再赘述。需要注意的是，只有每天坚持半个小时的马步桩功练习，才能使内功与外功结合达到非常的高度，如果一味锻炼外功，必定如无源之水，难以行得深远。

　　马步桩功的练习，一般人需两个月左右，待感觉内气充实，全身似有使不完的力道，这个时候就可以开始进行外功的训练了。首先用意念引气沿着手臂涌向手掌，屈中指（或食指）压于大拇指之下，中指用力向上伸，拇指用力向下压，两个指头各自受力，僵持不下，意念守于二指指端，一直练习到手指酸痛难忍时为止。每天早晚坚持各练习半个小时，如果没有太多的闲暇时间，每天至少要坚持练习半个小时。如果时间充裕，可以随时进行练习。

　　练习半年之后，拇指与中指的力量都变得很强了，这个时候大拇指可以把中指放出去进行空弹，每天坚持半个小时，如果有闲暇时间，也可以随时练习。如此练习半年，可以用一石子夹于二指之间，将石子弹出去。待指力微运便能将石子弹出十数米远时，再练弹石子的准头。随着时日的增加，自然会越弹越远，越弹越准。当然，也可以用细线悬吊一枚铜钱，以中指微弹之，总以适应为度，缓缓加重力度。

有了降压功，远离高血压

现在有很多人患有高血压，下面介绍一功法，能平衡阴阳、培本固元，可从根本上调理内脏，使身体恢复健康，血压自然平稳，不再升高。

练功方法非常简单，但是需要持之以恒，才能取得良好的效果，以至于根除高血压。首先双脚分开，与肩同宽，双膝微曲，成马步式站立，双手握拳，拳心向上，松静自然，意念内守，安静站立三分钟。然后由拳变掌从体侧向中合拢，十指相对，掌心朝内，按于小腹中间部位。

 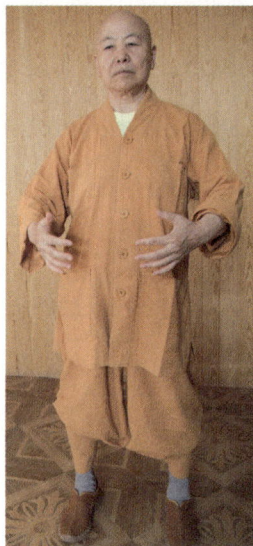

降压功一　　　　　　　　降压功二

做三次长长的嘘气、吸气，尽量达到深细匀长的要求，而后双手背相对朝外分开两尺有余。再返回双手，使掌心相对，收回到小腹处，如此开合，反复三次。接着双手指尖向下，手掌逐渐向外向上提起。

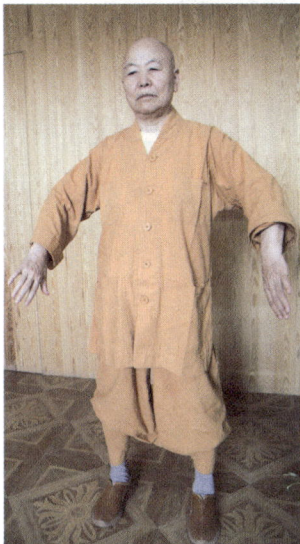

降压功三

降压功四

双手提到印堂穴的位置，改作中指相接，贴着头部摩至百会穴，男性右手内掌心按在左手外掌心，相叠按在头顶正中心百会穴上，女性则左手在上，右手在下，与男性相反。然后缓缓地按摩，逆时针9次，顺时针9次。

按摩完毕后，双掌经过前额移至印堂位置，两手中指相接，掌心向下，手掌放平，缓缓下降到膻中穴时一边嘘气一边下蹲。双手下降到小腹位置时，改作手背相对，指尖指向地下两脚尖处，双手下降到膝盖时，进

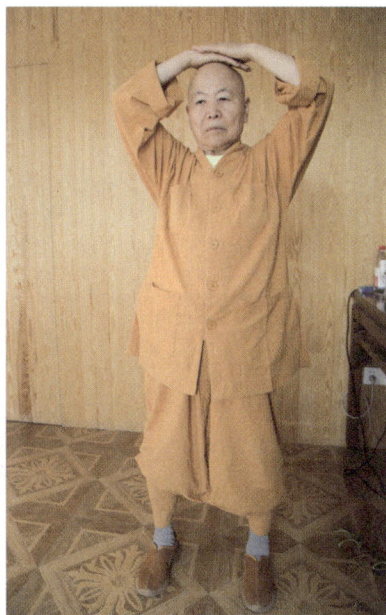

降压功五

行呼气，先不站起，吸气后站起，手恢复为自然下垂，如此反复，作三次蹲降。

此一套动作依个人体力反复练习，一般一次练习20分钟，每天1～3次，时间不宜过长，以免造成血压过低以致眩晕。

百会

养好人体四大海，气血旺盛精气足

人体有四大海，分别是气海、血海、谷海、髓海。腹部脐正下方1.5寸处为气海，想要养好气海其实并不难，健康的人只要在生活中注意几点，就可以随着时日的增加而使身体内气充实。养好血海也不难，饮食通过脾胃的消化而生成气血，可以说气血的生化之源在于脾胃。血海穴是足太阴脾经的一个重要穴位，位于股前区，髌底内侧端上2寸，股内侧肌隆起处。谷海指的则是人的胃。髓海指的是大脑。

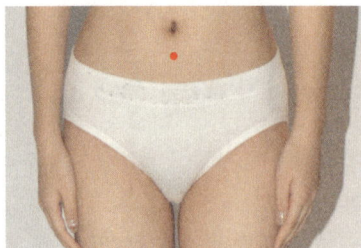

气海

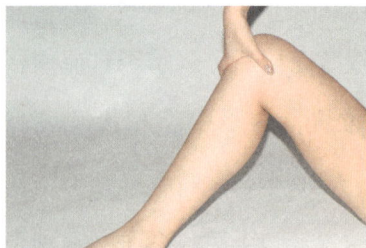

血海

如果想要养好这四大海，日常生活中有些问题一定要注意。首先不能熬夜，熬夜伤精、伤气、伤血，所以除了冬天可以起床晚一点，其他三个季节，都要做到早睡早起。俗话说：一夜好睡，精神百倍，是非常有道理的。现代人夜生活丰富，很难做到天黑即睡，身体不空虚才怪呢，这四大海一个也别想好。

其次就是早餐问题。早晨和上午是人体消化功能最旺盛的时候，如果不吃早餐，营养就跟不上。人体的精、气、血、髓都是从食物里面的营养物质转化而来的，不好好吃饭，四大海肯定一个也不能好。胃在早上如果长期得不到食物供应，也容易出问题。

再次就是生冷寒凉类食物和肉食。生冷寒凉这四类饮食，非常容易损耗脾脏阳气，脾脏不好，则消化吸收不好，人体从食物中获取营养的能力就会变弱。另外，脾阳不足，胃动力就不足，所以，这四大海一个都不会好。肉食吃得多了，脾脏的工作能力有限，处理不了，在体内消化了一半，形成一些半成品，对人体而言就是垃圾，人体要消耗许多阳气来代谢这些垃圾。所以，肉食吃多了，伤精，伤气，伤血，在胃中消化不掉，则会引起胃热等症状，还是会伤害四大海。还有就是夏天的空调和冬天的暖气，对人体都有一定的害处，要尽量做到夏无空调、冬无暖气。

最后就是过于放纵。随着社会的进步，人们的生活越来越便捷，各种各样的娱乐活动也特别多，应酬也多，聚会也多。所以很多人"整天吃饭辣加咸，常熬半夜两三点，成年累月不锻炼，烟酒一年不间断"，时间久了，我们的元气会受损，髓海也就不充足，髓海不充足会造成智力下降、记忆力减退等问题，人也会感觉苍老。

要想养好四大海，注意这些问题就可以了，保证气血充足，脾胃功能强盛，髓海充足，人体就能处在健康状态。

第五篇

家庭选穴，一指禅机

少林一指禅疗法是一种穴位按摩治疗方法，它为什么叫一指禅，而不是简单地称为穴位按摩呢？这是因为中间有着常人不知的"禅机"。一指，是说治疗时一个指头准确地点按在穴位上。禅，包括两层意思：一是治疗时要有禅心，施术者要有大慈恻隐之心，全神贯注，抛去任何杂念，只求让病人能够痊愈。就好比"药王"孙思邈所说："凡大医治病，必当安神定志，无欲无求，先发大慈恻隐之心，誓愿普救含灵之苦。"二是要定，施术者和病人都要禁言，两人都进入诊治状态，医患一心共求病愈，尽量做到天人合一，通过施术者的身体、手指，和病人心心相通，按摩施治，疏通经络，达到治病救人的目的。

少林一指禅疗法是一种独具特色的治病方法，我从行医到现在五十余年来，粗算一下，用此法治愈了不下十万余人了。

但是这种疗法全国已经没多少人会了，我挑选了几十种疾病，放在这里，供有缘人参考。

注意，文中所描述的穴位，定位标准用寸（专业术语为同身寸）或者横指，严格来说，是以患者自己的手指为参照标准。以患者大拇指之外的四指并拢，以中指中节为准画横线，四横指宽度为3寸，二横指即1.5寸，三横指近似为2寸；还有以患者大拇指第一节宽度为1寸，中指中节长度为1寸。但是，临床上患者身材参差不齐，也不太可能拿着患者的手指直接衡量，所以医者需凭借经验灵活运用。

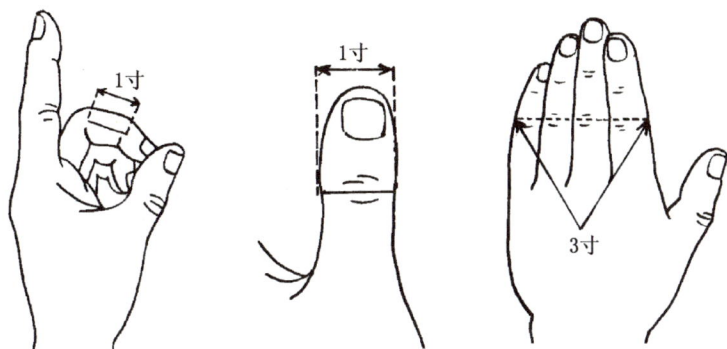

针灸取穴同身寸

心脏病

我们把手放到自己的左胸部，会感觉到胸膛中一颗炽热的心脏始终在跳动着，每时每刻都在给全身运输着血液，供给着全身的营养。即使在人休息、睡觉的时候，它也要一直跳动，直到生命的最后一刻，心脏才会结束自己的工作。反过来，如果心脏停止了跳动，生命也很快就终止了。人的心脏如果出现问题，会造成全身的疾病，甚至危及生命。

1. 心脏病——健康的头号杀手

人的循环系统由心脏、血管和调节血液循环的神经体液组织构成，循环系统疾病也称为心血管病。心脏病是一类常见的循环系统疾病。流行病学研究显示，全球心血管疾病的患病率和死亡率在持续升高，心脏病已成为人类健康的头号杀手，全世界每年有 1700 万人死于心脏病，每三例因病死亡者中，就有一例是心脏病患者。

西医把心脏病分为先天性的和后天性的。先天性心脏病是胎儿期心脏发育异常所致，病变可累及心脏各组织。后天性心脏病是指出生后心脏受到外来或机体内在因素作用而致病，如冠状动脉粥样硬化性心脏病、风湿性心脏病、高血压性心脏病、肺源性心脏病、感染性心脏病、内分泌性心脏病、血液病性心脏病、营养代谢性心脏病等。我们下面讲的一指禅指法主要用于治疗后天性心脏病。

2. 中医对心脏病的认识

心脏病在中医上主要归为胸痹的范畴，主要病机为心脉痹阻，病位在心，心脉失养，不荣则痛，气滞、血瘀、寒凝、痰湿等痹阻心脉，不通则痛。大家都知道，中医是讲求辨证施治的，在临床上，我们可以经常见到心气虚、心阴虚、心血瘀阻、痰浊闭阻几种证型，各有不同的临床表现。

（1）心气虚证

患者常常善惊易恐，坐卧不安，好像有人要来抓他一样。心主神志，心脏功能失常，心不藏神，心神不宁，就容易出现多梦易醒，恶闻声响，苔薄白，脉细略数或细弦。

（2）心阴虚证

患者症见心悸易惊，心烦失眠，头晕目眩，耳鸣。阴虚容易生内热，患者感觉口腔干燥，手心容易发热，夜里睡觉容易出汗，醒来的时候不再出汗，中医称之为盗汗。患者还会有急躁易怒、舌红少津、苔少或无、脉细数的表现。

（3）痰浊闭阻证

现在的人经常吃一些肥甘厚味，容易伤脾，导致痰湿存留在体内。痰浊如果留到胸部，就会导致胸阳失展、气机痹阻。患者症见胸闷重而心痛微，痰多气短，肢体沉重，形体肥胖，遇到阴雨天就容易发作或加重，还经常有倦怠乏力，吃饭不多，胃口不太好，经常吐清水。患者把舌头伸出来，可以看到他的舌体胖大且边有齿痕。

（4）心血瘀阻证

人体的心脏不停地工作，也需要靠血液的滋养。如果供应心脏的血管狭窄了，就会导致心脏的营养不足，心脏就会像人一样营养不良，心脏如果营养不良，就会发生心脏病。这就是中医的心血瘀阻证型。此类患者容易出现心胸疼痛，如刺如绞，痛有定处，到了夜里容易加重，有的时候疼痛可以连到整个肩膀，伴有胸闷，日久不愈，也可因暴怒、劳累加剧。舌头颜色发紫，就是我们讲的这种证型。

3. 怎样早期发现心脏病

俗话讲，无病早防，防患于未然；有病早治，亡羊补牢未为晚。心脏病的预防与治疗关键是"早"，那么如何在早期发现心脏病呢？

很多心脏病患者在做一些轻微活动时，会有胸闷和呼吸困难的症状，尤其是在剧烈活动后尤为明显，而在夜间卧睡或坐位时症状减轻。入睡后，经常突然因胸闷、气急惊醒，接着频繁咳嗽，气急加剧，甚至咳出红色泡沫样痰，这大多是心功能不全的表现。中老年人，在剧烈运动、过量饮酒、情绪激动后突然出现心前区发闷、压榨样疼痛等症状，多为患上了冠心病。如果反复发作、持续时间长，经用硝酸甘油、速效救心丸后疼痛超过30分钟仍然不能缓解，则有可能患了心肌梗死，我们将在下一节给大家着重介绍。心脏病患者由于心脏负荷过重，导致静脉回流受阻，所以会出现水肿，这也是心脏病最常见的症状。一旦发现轻微水肿，就要警惕心脏病了。

如果在没有任何原因的情况下，你的心脏突然"怦怦直跳"，感觉"心脏要从嗓子眼蹦出来似的"，而过了几分钟或者一两个小时，情况又好转了，这说明你可能患上了心脏病。

上述种种异常表现，常常是心脏向人们发出的"呼救信号"，日常生活中要加以注意，发病时要及时去医院检查和治疗。

4. 一指禅取穴

由于心脏病这种疾病比较复杂，我们的一指禅指法也要按照辨证施治的原则进行治疗。

（1）心气虚者，揉膻中、灵道、心俞、大陵穴，想象太阳照耀全身。

膻中穴：取穴时，在人体的两个乳头连线的中点，是人之气会。胸腔上部的气态物质都聚集在这里，揉膻中穴可以激发人体的气机。

灵道穴：取穴时，我们首先要明白一个概念，把手伸出来，手掌对着自己，那么小臂里面这个叫尺侧，向外就叫桡侧。灵道穴位于人体的前臂掌侧，当尺侧腕屈肌腱的桡侧缘，腕横纹上 1.5 寸，人的小臂长 12 寸，那么就是上 1/8 的位置。这个穴位在手少阴心经上，主司心脏疾病。

心俞穴：取穴时，在人体的背部，由平双肩胛骨下角之椎骨（第七胸椎）往上推两个椎骨，即第五胸椎棘突下双侧各旁开二横指（食指、中指）处。心俞穴是心气输注于腰背部的腧穴，以一指禅揉之可以激发心气。

大陵穴：取穴时，手掌向上，微曲腕关节，在掌后第一横纹上出现两条筋，两筋之间即是本穴。大陵穴位于心包经上，可以治疗胸痹等疾病。

由于患者心气虚损，时间久了容易导致心脏阳气虚损，所以在按揉的时候，我们要结合心理暗示的方法，想象太阳正在照耀自己的这些穴位，患者一会儿就会有温热的感觉。

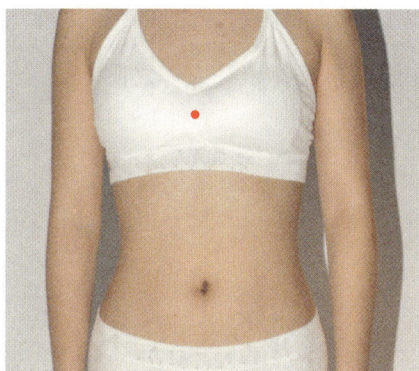
膻中

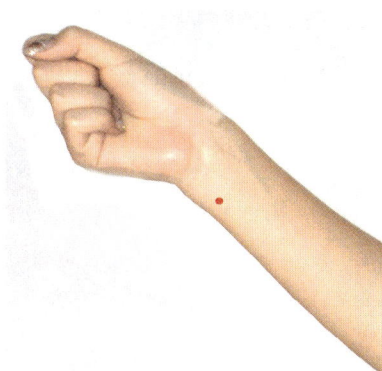
灵道

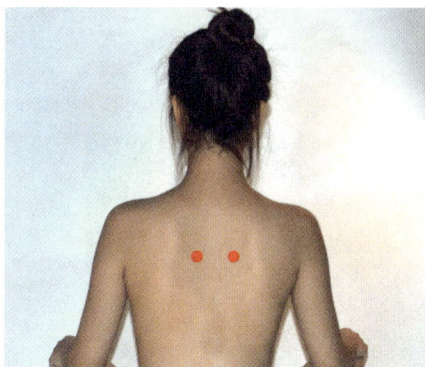
心俞

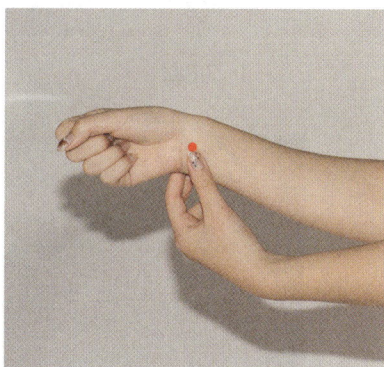
大陵

（2）心阴虚者，揉膻中、中脘、心俞、灵道穴，想象太阳照耀自己；揉内关穴，想象自己沐浴在月光中。

膻中、心俞、灵道诸穴的定位方法上面已经介绍过了，下面给大家介绍一下中脘和内关穴的位置。

在脐中央与胸骨体下缘两点之中央（脐上4寸）即是中脘穴。中脘穴可以聚集和传导水液，所以对于心阴虚具有较好的疗效。

内关穴：取穴时仰掌，微曲腕关节，从掌后第一横纹上三横指，两条大筋之间即是本穴。内关穴是手厥阴心包经的常用腧穴之一，是心包经的络穴，对于心脏病具有较好的疗效。我们在前面讲到，阴虚容易生内热，所以在按揉内关穴的时候，想着月亮在照射自己，以补人体之阴。

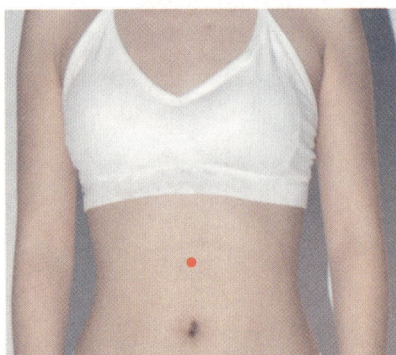

中脘

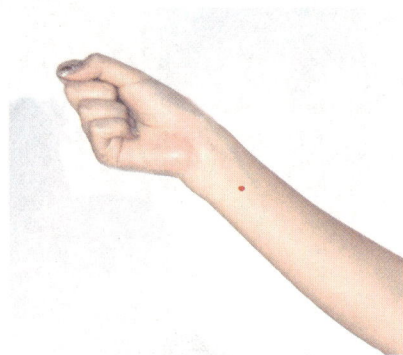

内关

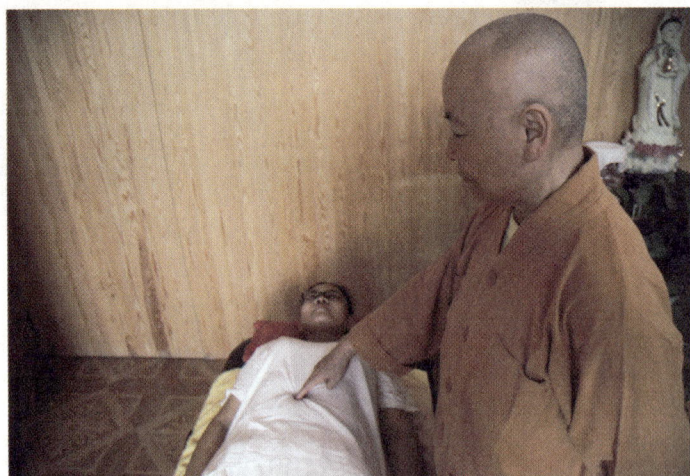

揉中脘

（3）心血瘀阻者，揉膻中（见前文）、曲池、灵道（见前文）穴，想象太阳照耀自己。

曲池穴：取穴时手掌向上，微屈肘，肘横纹外侧端与肘关节桡侧的高骨（肱骨外上髁）的中点即是本穴。曲池穴具有调和气血的作用，常用一指禅点按，可以起到助心行血的作用。心血瘀阻，很多时候由寒邪导致，所以揉此穴位时，想象太阳照耀自己，有助于驱散寒邪，促进血行。

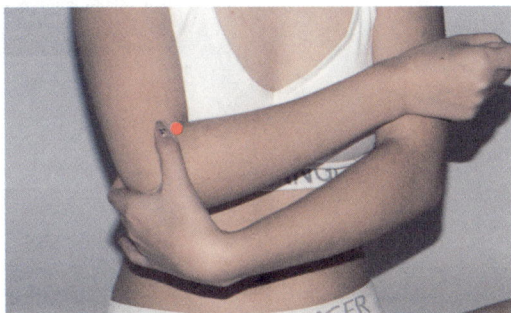

曲池

揉曲池

（4）痰浊阻心者，揉合谷、内关（见前文）、中脘（见前文）、足三里、三阴交穴，想象太阳照耀自己；点按太渊穴，想象自己沐浴在月光中。

合谷穴：取穴时，一手拇指、食指张开，使虎口拉紧，另一手的拇指关节横纹压在虎口上，拇指关节向前弯曲压在对侧的拇指、食指指蹼上，拇指尖所指处即是本穴。痰浊是人体的废物，合谷穴位于大肠经上，揉此穴位，可以祛除人体内的痰浊等废物。

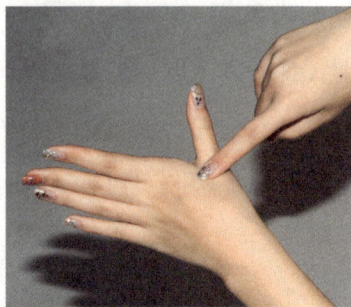

合谷

揉合谷

足三里穴：取穴时站位，用同侧手张开虎口围住髌骨上外缘，四指直指向下，中指尖的指处即是本穴。足三里是强壮保健的要穴，可以增强人的脾气，化痰湿。

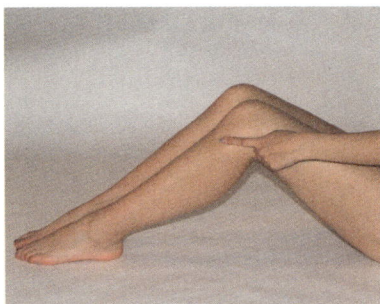

足三里

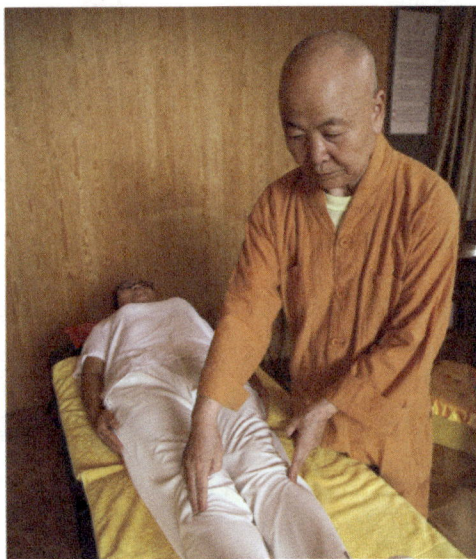

揉足三里

三阴交：取穴时以手四指并拢，小指下边缘紧靠内踝尖上，食指上缘所在水平线在胫骨后缘的交点即是本穴。三阴交穴是足太阴脾经腧穴，具有健脾和胃的作用，有助于祛除痰湿。

太渊穴：取穴时伸手置台面，掌心向上，手掌后拇指所在侧（桡侧），可触及一小圆骨（大多角骨）的外侧（桡侧）下缘，若掌后第一横纹有脉搏搏动处即是本穴。太渊穴具有理血通脉的作用，尤善于治疗心脏疾病。

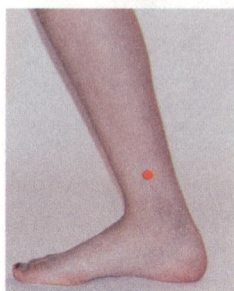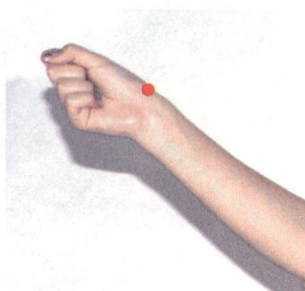

三阴交　　　　　　　　　　　太渊

5.经典病案

我曾诊治这样一个病例：患者女，59岁，西医诊断为冠状动脉粥样硬化性心脏病，患者在西医院做了心脏造影，左冠状动脉的前降支与回旋支硬化斑块堵塞了75%。患者说晚上就会感觉胸部疼痛难忍，像针刺。舌色有些青紫，又看了她的舌下络脉怒张，诊断为胸痹心血瘀阻证，嘱患者揉膻中、曲池、灵道穴，想象太阳照耀自己。一周后，患者的疼痛症状减轻。我让她一直坚持，再加上饮食上低盐低脂，症状明显好转。

急性心肌梗死

随着生活条件的不断提高，生活压力的不断增大，心血管疾病的发病率也不断上升。当今社会，许多人都有高血压、高脂血症、动脉硬化这样的慢性心血管类疾病，这些疾病的发生与发展往往会引起许多并发症，急性心肌梗死就是其中之一。

那么，心肌梗死的发病原因和发病机制是什么呢？心肌梗死的突出表现都有什么？我们要怎样做好预防与保健？哪些穴位能帮助我们预防心肌梗死及病后恢复呢？这些问题，我们会在下面一一说明。

1. 心肌梗死的发病原因

急性心肌梗死是给心脏供应营养的血管（冠状动脉）急性缺血、缺氧所引起的心肌坏死。我们知道，血管的主要功能是给人体各器官供应血液、营养和氧气。我们的心脏要不断跳动推动血液循环，自然也需要足够的氧气和营养来提供能量。心气推动营血运行全身，营血才能发挥正常的濡养作用。

假如给心脏送血的血管不通了，那么传送给心脏的氧气和营养就不能供给心脏各部分的细胞使用。我们可以把心脏的细胞想象成一块田里的禾苗，我们的血管就是灌溉田地的小河。正常情况下，小河宽宽的，水流也足够大，田里的禾苗有足够的水就会长得很好。而当我们有了一些心血管疾病的时候，小河没了水，田里的禾苗得不到水分的供给，就会干枯死亡。同理，我们的心肌细胞得不到营养，又要不断地工作，它们比禾苗更容易受到伤害。这个时候，我们就会感到胸口剧烈疼痛，也就是说发生了心肌梗死。

2. 心肌梗死的表现与预防

心肌梗死发生时，患者会在胸口或者心脏附近感受到剧烈而持久的疼痛，休息及硝酸酯类药物不能完全缓解，伴有血清心肌酶活性增高及进行性心电图变化，可并发心律失常、休克或心力衰竭。《灵枢·厥病》谓："真心痛，手足青至节，心痛甚，旦发夕死，夕发旦死。"心肌梗死发病急骤，如果得不到及时的救治，常可危及生命。

因此，我们必须引起足够重视，防患于未然，预防心肌梗死的发生。

首先，精神的变化可以直接影响于心，故防治心肌梗死必须高度重视精神调摄，保持心情平静愉快。其次，注意生活起居，调节饮食，少食膏粱厚味及烟酒等刺激之品，控制好自己的血压、血脂。再次，注意避免劳累，坚持适当运动。最后，一定要坚持我们的一指禅指法。能够做到以上几点就能在很大程度上减少心肌梗死发生的可能性。

3. 一指禅治疗方法

按揉灵道、心俞、膻中、心前区，想象太阳照耀自己。

灵道穴：取坐位，伸肘仰掌，用力握拳，在手前臂小指侧可触摸到一条大筋（尺侧腕屈肌腱），从腕横纹沿此肌腱的外侧（拇指侧）向上 2 横指（食指与中指并拢即为 2 横指），按压

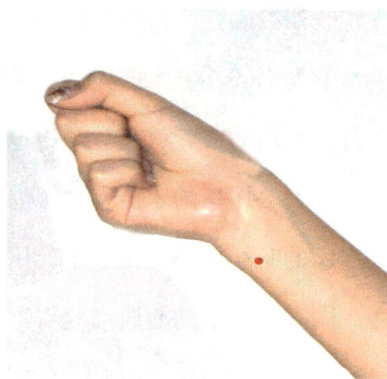

灵道

有酸胀感处即为此穴。灵道为手少阴心经经穴，按揉灵道可有效缓解心脏疾病，除心肌梗死外，也可以有效缓解心悸、怔忡等心疾。

心俞穴：取正坐或俯卧位，两肩胛骨下角水平连线与脊柱相交所在处即第 7 胸椎，往上推 2 个椎骨（即第 5 胸椎），从其棘突下缘旁开 2 横指，

按压有酸胀感处即为此穴。心俞穴是心气输注于腰背部的腧穴，一指禅按揉可以激发心气，有助于心脏附近的血脉畅通，防治心肌梗死。

膻中穴：仰卧或正坐位，两乳头中点处即为此穴。膻中是人之气会，胸膛上部的气态物质都聚集在这里，按揉膻中可以激发人体的气机。气机调畅有助于心脏的血脉温通以达到治疗疾病的作用。

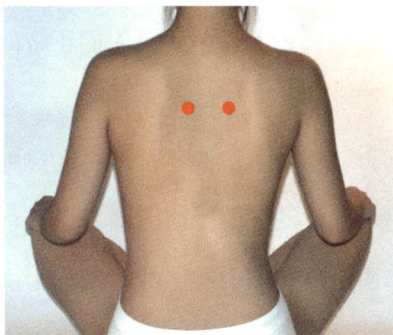

心俞

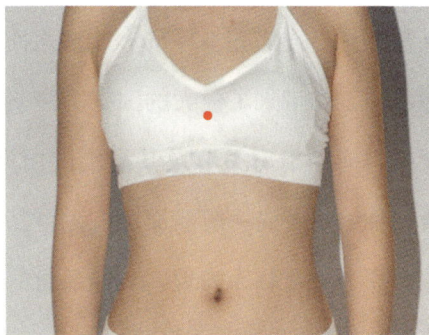

膻中

心前区：将手掌置于左胸壁上，能感受到心脏搏动的区域。按揉此处可以帮助心脏附近的血管通畅，使血脉痹阻得以缓解。

在中医看来，心梗的血脉痹阻多由人体阳气不足、寒邪闭阻心脉所致，所以在按揉的时候，我们要结合心理暗示的方法，想象太阳正在照射按揉的地方，一会儿我们就会有温热的感觉，以辅助治疗。

4. 经典病案

某男，50岁，症见心胸部剧痛，四肢发凉，汗出，面色苍白。送医院抢救后，在生活中常自主按揉灵道、心俞、膻中、心前区，时五年余，未复发，查心电图病理性Q波明显变浅。

肩痛

肩痛是如今许多中老年人都有的一种健康问题，其痛或猝然而止，或痛甚不休，或痛甚不可按，或按之而痛止，或按之无益……给人们正常的生活、工作带来了极大的困扰。

肩痛是指肩关节及其周围的肌肉筋骨疼痛。肩后部疼痛往往连及胛背，称为肩背痛；肩痛而影响上臂甚至肘手部位的，称为肩臂痛。因其均以肩痛为主要临床表现，其他部位的疼痛由于肩痛而引起，故可统称为肩痛。应查找病因进行对症治疗。

1. 肩痛的成因

关于疼痛的成因，中医经典《素问·举痛论》中有言："经脉流行不止，环周不休，寒气入经而稽迟。泣而不行，客于脉外则血少，客于脉中则气不通，故卒然而痛。""寒气客于脉外，则脉寒，脉寒则缩蜷，缩蜷则脉绌急，绌急则外引小络，故卒然而痛。得炅则痛立止，因重中于寒，则痛久矣。""寒气客于经脉之中，与炅气相薄，则脉满，满则痛而不可按也。寒气稽留，炅气从上，则脉充大而血气乱，故痛甚不可按也。"

这就告诉我们：疼痛的成因在于肢体的经脉受寒。当经脉受寒时，血管会遵循热胀冷缩的原则收缩，血管收缩就会导致以下两种情况：一是经脉血管收缩牵动旁支络脉，造成突然的疼痛；二是血管收缩使局部的血液流动减缓，流量减少，局部组织不能得到足够的血液供应，组织细胞受损造成疼痛。突然受寒会造成这样的情况，那么如果肢体长时间受寒会怎样呢？长时间受寒会使寒气由外而内进入经脉血管之中，而经脉之中运行的是正常的气血，寒气侵入经脉，就会和气血抢夺通道，使气血运行不畅。

我们可以想象经脉是一条宽阔的道路，道路上川流不息的车流就是我们的气血，正常时道路上各方向的车流正常通过，而当寒气侵入经脉之中时，原本繁忙的道路上又多了一辆体积很大、速度很慢的大卡车，这会造成什么后果呢？会堵车对不对？同理，寒气在我们的经脉中就会造成气血的瘀滞。

堵车堵得久了往往会造成局部的交通瘫痪，寒气侵入我们的身体中也是一样的，寒气浸淫日久就会在血管和局部组织形成瘀血，进一步加重气血运行的不畅，加重局部组织的缺血与损伤。

2. 一指禅治疗方法

按揉肩井、巨骨、曲池、秉风、天宗穴。

肩井：坐位，先确定大椎穴（俯卧位或坐位，低头，可见颈背部交界处椎骨有一高突，并不能随颈部左右摆动而转动者，即第 7 颈椎，其棘突下凹陷处即为大椎穴）与肩峰最高点（肩部最高骨）的位置，再取两者连线的中点，在两筋之间，按压有明显酸胀感处即为肩井穴。肩井穴为足少阳、手少阳和阳维脉的交会穴，主治肩臂疼痛，治疗肩痛效果较好。

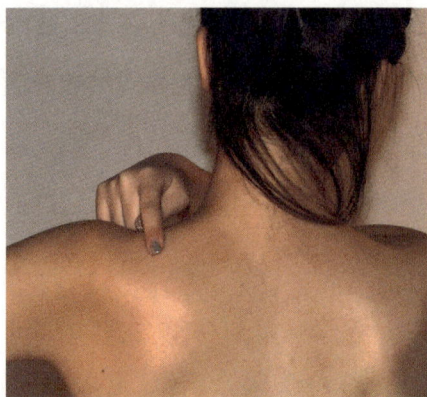

肩井

巨骨穴：在肩上部后方，锁骨肩峰端（肩部骨头最高点）与肩胛冈（手触肩胛骨的上部）之间凹陷处。巨骨穴为手阳明大肠经和阳跷脉之会，同样为肩臂疼痛的主治穴。

曲池穴：取坐位，屈肘成直角（形如拱手作揖），肘弯横纹外侧尽头处与肘关节桡侧的高骨（肱骨外上髁）的中点即为此穴。曲池穴是手阳明大肠经的合穴，可以治疗手阳明大肠经所经之处的疾病，治疗肩臂疼痛尤有奇效。

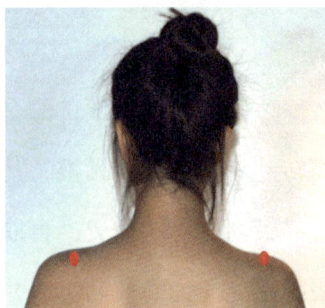

巨骨

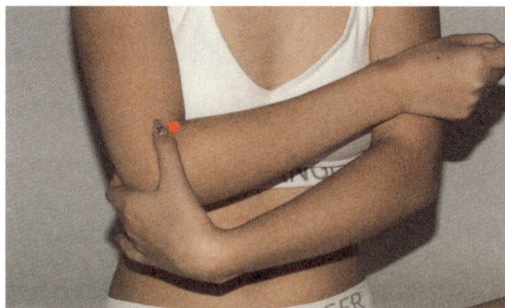

曲池

秉风穴：正坐或俯卧位，先确定天宗穴（见下）的位置，由天宗直上跨过一斜向骨头（肩胛冈）至凹陷中点处，用力按压有明显酸胀感，即为此穴。

天宗穴：正坐位，垂肩，取一标有三等分的弹性皮筋，将皮筋的两头与肩胛冈下缘中点、肩胛下角对齐拉紧，皮筋的上 1/3 与下 2/3 交界处，相当于冈下窝中央，用力按压有明显酸痛感处即为此穴。秉风与天宗穴靠近肩关节，对于肩痛具有较好的近治作用。

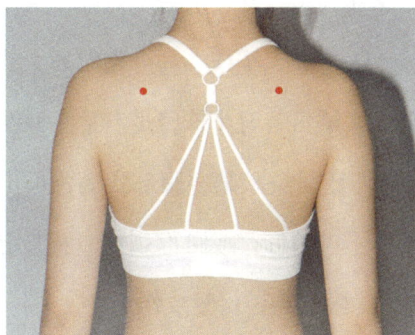
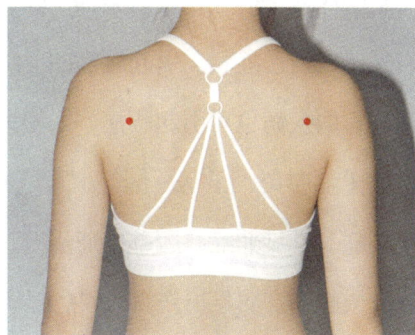

秉风　　　　　　　　　　　　　　　天宗

3. 经典病案

韩某，女，45 岁，前年夏末自觉左肩疼痛，抬肘痛剧，甚不能抬，医生予以一指禅指法治疗，按揉巨骨、曲池、秉风、天宗穴，并点按肩井穴。两疗程后明显好转。嘱出院后时常自主按揉以上穴位，时一年，无再犯。

腰脊疼

1. 腰脊疼是什么病

腰脊疼就是我们常说的腰痛，是以自觉腰部疼痛为主症的一类病证。腰痛是临床常见的症状，以腰部一侧或两侧疼痛为主，常可放射到腿部，常伴有外感或内伤症状。引起腰痛的原因很多，除运动系统疾病与外伤以外，其他器官的疾病也可引起腰痛，如泌尿系炎症或结石、肾小球肾炎、某些妇女疾病（盆腔炎、子宫后倾等）、妊娠、腰部神经根炎和某些腹部疾病皆可出现腰痛。常见兼症有腰部冷痛重着，或拘挛不可俯仰，或腰部刺痛，痛有定处，或腰部有明显损伤，或腰痛起病缓慢，隐隐作痛，反复发作。

2. 腰痛的原因有哪些

腰部有许多重要的人体器官，比如肾脏、子宫、腰椎等，此处血管神经丰富，又与我们的工作生活密切相关，故而疾病与疼痛更为多见。腰痛的起病与感受外邪、跌打损伤、劳欲太过等因素有关。腰部疼痛与足少阴肾及足太阳膀胱经、督脉等关系密切，基本病机是腰部经气阻滞，或失于温煦、濡养等。

3. 一指禅治疗方法

取身柱、脊中、肾俞、腰阳关、委中、承山、昆仑穴。

身柱穴：正坐或俯卧位，从两侧肩胛下角连线与后正中线相交处垂直向上摸4个椎体（即第3胸椎），该椎体棘突下凹陷处即为此穴。

脊中穴：正坐或俯卧位，从两侧肩胛下角连线与后正中线相交处垂直向下摸4个椎体（即第11胸椎），该椎体棘突下凹陷处即为此穴。

肾俞穴：正坐或俯卧位，取一线过肚脐绕腹腰一周，与肚脐中相对应处即第2腰椎棘突，从其棘突下缘旁开2横指，按压有酸胀感处即为此穴。

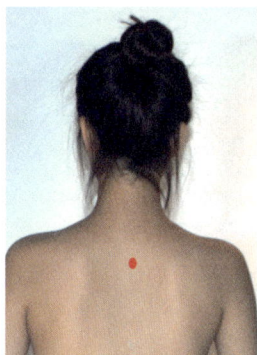 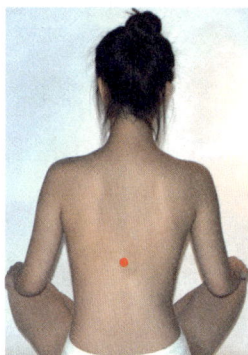 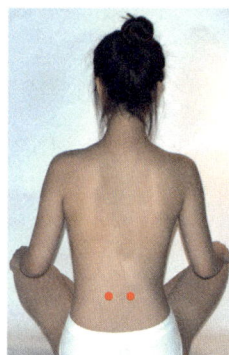

身柱　　　　　　　　脊中　　　　　　　　肾俞

腰阳关穴：正坐或俯卧位，髂嵴高点在腰部连线的中点下方可触及一凹陷处，按压有酸胀感，即为此穴。

委中穴：俯卧或站立位，在腘窝横纹上，左右两条大筋（股二头肌肌腱、半腱肌肌腱）的中间（相当于腘窝横纹中点处），按压有动脉搏动感处即为此穴。

承山穴：取穴时直立，足尖着地，两手上举按墙。在腓肠肌下可见一人字纹，在其下可触及一凹陷处即为此穴。

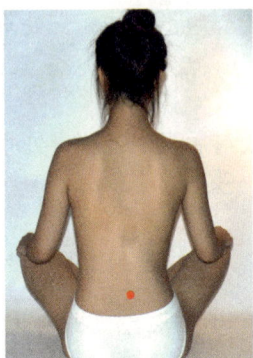

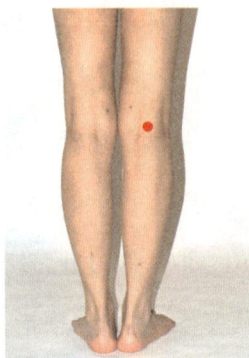

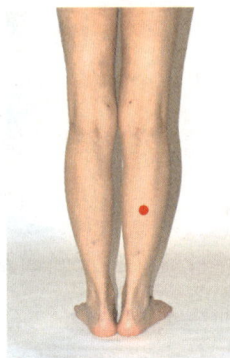

腰阳关　　　　　　　委中　　　　　　　承山

昆仑穴：侧坐或仰卧位，在小腿外侧下端高骨（外踝尖）与脚腕后的大筋（跟腱）之间可触及一凹陷，按压有酸胀感处即为此穴。

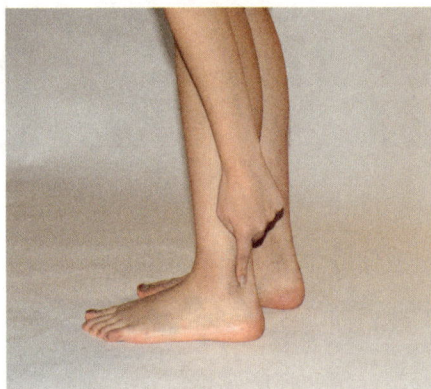

昆仑

《黄帝内经》说，督脉并于脊里，足太阳膀胱经夹脊。因此，治疗腰脊痛主要选取位于督脉上的身柱、脊中、腰阳关穴膀胱经上的肾俞、委中、承山、昆仑等穴位按揉，可以起到很好的效果。

4. 经典病案

赵某，男，45岁。自述腰痛，腰部拘挛，不可俯仰。曾有长期渔业作业史，予以艾灸腰阳关、肾俞、委中、脊中穴，针刺昆仑穴，10日后痛减，活动自如，自行要求停止治疗。嘱其自主按揉身柱、脊中、肾俞、腰阳关、委中、承山、昆仑等穴位，时一年，未复诊。

大腿疼

大腿是下肢运动较多也较频繁的一个部位，其疼痛的发生与发作往往会较大程度地影响我们的工作和生活，那么，大腿疼的原因是什么呢？

从解剖学来看，我们的大腿处有皮肤、肌肉、神经和血管，每一部分发病都会造成大腿处的疼痛，是以，常见的皮肤外伤与感染，肌肉过劳造成的肌肉损伤与拉伤，局部组织的坏死或增生，跌打损伤造成的瘀血，或长时间外邪入侵，在肌肉组织深层形成的结节都有可能造成大腿处的疼痛。

1. 中医对大腿疼的认识

如同我们在前面说的那样，疼痛主要有"不通则痛，不荣则痛"两种主要原因。局部有瘀血、结节这样的病症属于"不通则痛"，而身体虚弱、血气不足以濡养全身造成的组织坏死或肌肉拉伤等则属于"不荣则痛"的范畴。针对两种不同的病机，治则相对应也有两大类：疼痛的病机为不通时，要去瘀血，除结节，去闭阻，使血脉畅通，则疼痛自除，即所谓"菀陈则除之"；而疼痛的病机为不荣时，我们的治则就是荣养精气，通调气血，使血脉自和，则疼痛自除。在针灸等治疗方法中，足三阳经与足三阴经均经过大腿，可以根据不同的痛处选择合适的经脉进行治疗。下面是一些常用的治疗要穴。

2. 一指禅治疗方法

按揉环跳、秩边、承扶、悬钟、风市、伏兔穴。

环跳穴：取侧卧位，下腿伸直，上腿弯曲，以拇指指关节横纹按在股骨大转子头上，拇指指向脊柱，当拇指尖所指的凹陷处即为此穴。

秩边穴：取俯卧位，先确定下髎穴的位置，从下髎旁开4横指，按压有酸胀感处即为此穴。

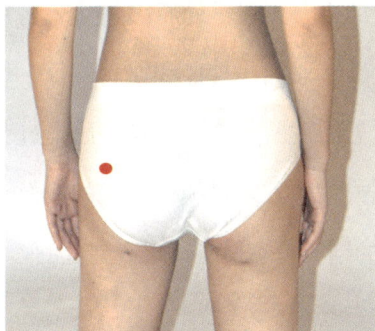
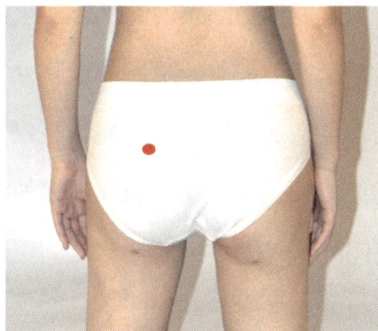

环跳　　　　　　　　　　　　　秩边

附：下髎穴，取俯卧位，从骨盆后面髂嵴最高点向内下方骶角两侧循摸可及一高骨突起，即是髂后上棘，与之平齐，髂骨正中突起处是第1骶椎棘突，髂后上棘与第2骶椎棘突间即第2骶后孔，为次髎穴。尾骨上方之小圆骨即骶角，两骶角之间为骶管裂孔。然后把中指按在第2骶后孔处，小指按在骶管裂孔，食、中、无名、小指等距离分开，各指尖端所指处即上髎、次髎、中髎、下髎穴。

承扶穴：俯卧位，于臀下横纹正中点，按压有酸胀感处即为此穴。

悬钟穴：坐位或侧卧位，从外踝尖直上4横指，在小腿前外侧，按压有酸胀感，即为此穴。

风市穴：直立位，两手自然下垂，中指尖到达的地方，按压有酸胀感，即为此穴。

伏兔穴：仰卧或正坐位，屈膝成90°，以手掌后第1横纹中点按在髌骨（膝盖骨）上缘中点，手指并拢压在大腿上，当中指尖端所达处即为此穴。

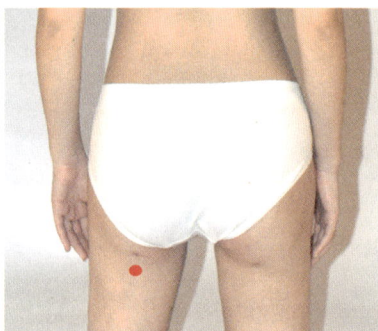

承扶

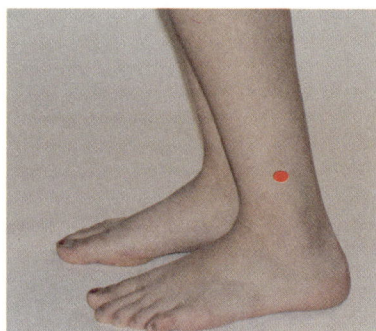

悬钟

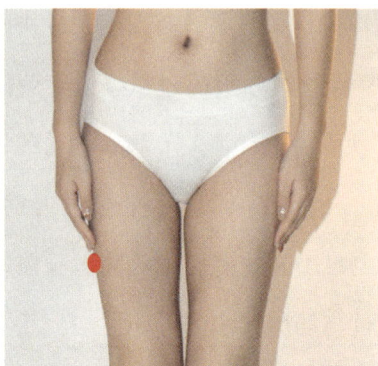

风市

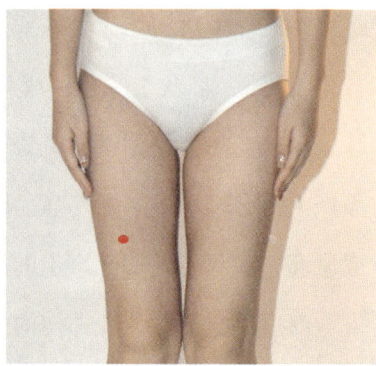

伏兔

经过大腿部的经脉主要有足少阳胆经、足阳明胃经、足太阳膀胱经，分别取胆经的环跳、悬钟、风市穴，胃经的伏兔穴，以及膀胱经的秩边、承扶穴，使三阳经相互配合，标本兼治，治疗大腿部疼痛。

3.经典病案

某男，65岁，自述大腿肌肉夜间常隐隐作痛，时两年余，秋分之后疼痛加剧，常于梦中疼醒，遂就医。视其腿部肌肉不荣，皮肤不充，遂针其环跳、承扶、悬钟、伏兔穴。自述略有好转，针两周余，疼痛减轻，夜不复醒，遂停针，嘱其自主按揉承扶、悬钟、环跳、秩边、风市、伏兔等穴位，时一年，未复发。

膝盖疼

膝盖是人体重要的七大关节之一，《灵枢·经筋》称其为"筋之会"。膝盖因负荷重，使用次数多，意义广泛，故疼痛原因多样。

膝盖疼在各年龄层均比较高发，对青少年和儿童，有因生长过快而产生的"生长疼"，常发于膝盖；成年人易因长时间负荷过重、过度劳累而产生膝盖痛；老年人易因钙质流失造成骨质疏松、膝关节病变、局部骨质增生等产生程度轻重不一的疼痛。除此之外，还有因坐骨神经等神经受到压迫或风邪、寒邪、湿邪等产生的痹阻与结节造成膝盖的疼痛。膝盖的活动要求与部位决定了膝盖处外伤的多发性与筋脉拘挛的可能性。

1.膝盖疼中医说

所谓"急则治其标，缓则治其本"，这种治疗原则在疼痛的治疗中同样适用。对于膝盖疼痛的缓解，也有许多特定穴位，我们可以根据不同的病症选择不同的治疗手段：气血不足以致不能濡养则补其气血，筋脉拘挛不能屈伸则松其筋脉，有风寒湿时应祛除其风寒湿邪……

此外，《素问悬解·运气·六节藏象论》有言："肝者，罢极之本，魂之居也，其华在爪，其充在筋，此为阳中之少阳，通于春气。肝藏魂而主筋，罢极则伤筋力，故肝为罢极之本，魂之居也。爪者筋之余，故其华在爪，其充在筋。肝为乙木，木旺于春，春时三阴方降，三阳方升，故为阳中之少阳，通于春气。"这提示我们在治疗膝盖疾病时应注意肝脏的保养，肝血充沛，则筋脉自养。

2.一指禅治疗方法

取膝眼、梁丘、曲泉、委中、阴陵泉、阳陵泉、足三里穴。

膝眼穴：屈膝，膝盖骨两侧的凹陷中，内外两处凹陷分别称内、外膝眼，外膝眼即犊鼻穴。

梁丘穴：正坐或仰卧位，下肢用力蹬直时，髌骨外上缘上方可见一凹陷，此凹陷正中处即为此穴。

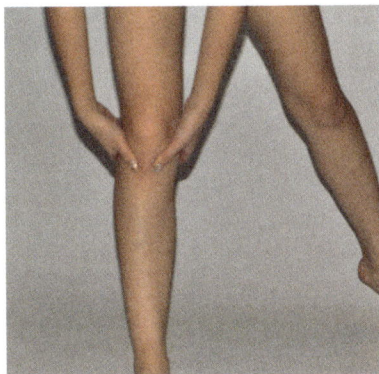

膝眼

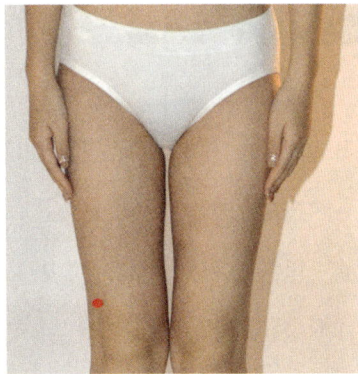

梁丘

曲泉穴：坐位屈膝，双腿略张开，在膝内侧可触及一高骨（即股骨内上髁），从此高骨向后，可及两筋（半腱肌肌腱、半膜肌肌腱），高骨后缘、两筋前方，腘横纹头上方凹陷处，按压有酸胀感，即为此穴。

委中穴：俯卧或站立位，在腘窝横纹上，左右两条大筋（股二头肌肌腱、半腱肌肌腱）的中间（相当于腘窝横纹中点处），按压有动脉搏动感处即为此穴。

阴陵泉穴：侧坐屈膝或仰卧位，用拇指沿小腿内侧骨内缘（胫骨内侧）由下往上推，至拇指抵膝关节下时，在胫骨向内上弯曲处可触及一凹陷处，即为此穴。

 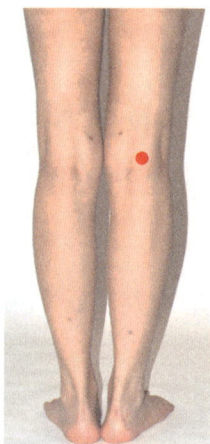 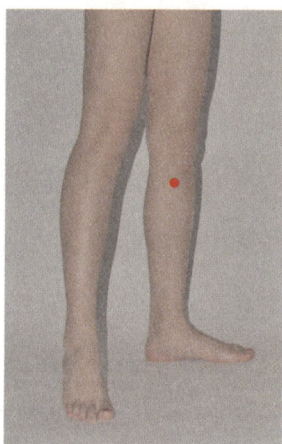

曲泉　　　　　　　　委中　　　　　　　　阴陵泉

阳陵泉穴：坐位，屈膝呈 90°，膝关节外下方，腓骨小头前下方可触及一凹陷处，即为此穴。

足三里穴：有两种取穴方法。

（1）坐位屈膝，先确定犊鼻穴的位置，自犊鼻直下 4 横指，按压有酸胀感处即为此穴。

（2）站位，弯腰，用同侧手张开虎口围住髌骨上外缘，余4指向下，中指尖所指处即为此穴。

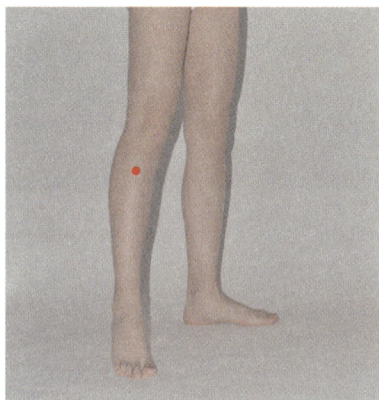

阳陵泉

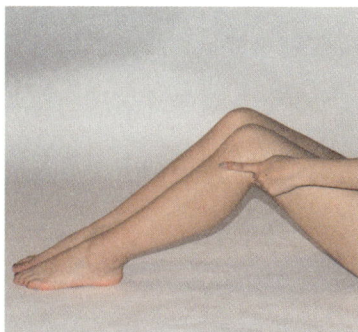

足三里

膝眼、梁丘、曲泉、委中、阴陵泉、阳陵泉、足三里等穴涉及人体下部三阴三阳六条经脉中的五条，按揉可助各经经气正常输布。阳陵泉穴为八会穴之中的筋会，膝为筋之会，阳陵泉的配伍将有效缓解膝部筋脉拘挛造成的疼痛。以上诸穴位均在膝盖附近，可有效调畅气血，辅助治疗。

3. 经典病案

钱某，56岁，膝盖疼十余年，时阴雨，疼痛加剧，夜不能卧，来诊，予以针刺膝眼、梁丘、阳陵泉、足三里，针三日，自述好转，遂归。嘱其自主按揉膝眼、梁丘、曲泉、委中、阴陵泉、阳陵泉、足三里等穴，时三日，未复发。

踝痛

脚踝就是我们俗称的"脚脖子"。脚踝和足部一起承担了我们全身的重量，行走、跑跳等许多活动都离不开脚踝。但脚踝也是一个非常脆弱的部位，我们在各种活动中非常容易扭伤脚踝。接下来介绍一些常用的穴位来治疗踝痛。

1. 踝痛的常见原因

踝部的基本结构有骨、韧带、少量肌肉、血管、神经等，每一部位的损伤都会导致疼痛。一般来说，我们在生活中最常遇到的情况就是踝关节的扭伤，临床上外侧韧带部分撕裂较多见，多由足部强力内翻引起，临床表现是踝外侧疼痛、肿胀、走路跛行，有时可见皮下瘀血，外侧韧带部位有压痛；使足内翻时，引起外侧韧带部位疼痛加剧。

遵循"不通则痛，不荣则痛"的中医见解，有足部的瘀血、结节等造成的疼痛和气血不足使踝部失养造成的疼痛。踝部同样有足三阳经与足三阴经并行经过，故这六条经脉发生病变时，有可能造成踝部疼痛，但同样的，我们也可以选择这些经脉的穴位来治疗踝部疼痛。此外，踝部韧带丰富，韧带即中医所讲的"筋"，《素问·六节藏象论》告诉我们："肝者，罢极之本，魂之居也，其华在爪，其充在筋……此为阳中之少阳，通于春气。"故而，在治疗踝痛的过程中要注意荣养肝体以濡润筋脉。

2. 一指禅治疗方法

按揉申脉、照海、昆仑、丘墟穴。

申脉穴：侧坐或俯卧位，从小腿外侧下端高骨（外踝尖）垂直向下可触及一凹陷，按压有酸胀感处即为此穴。

照海穴：侧坐或仰卧位，由内踝尖垂直向下推，至其下缘凹陷处，按压有酸痛感，即为此穴。

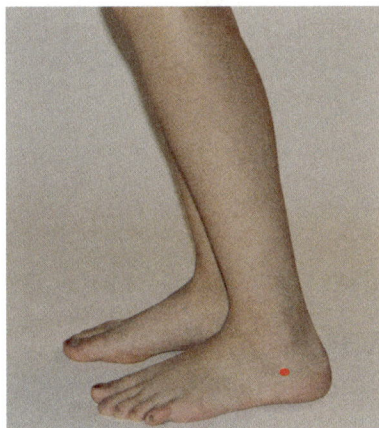 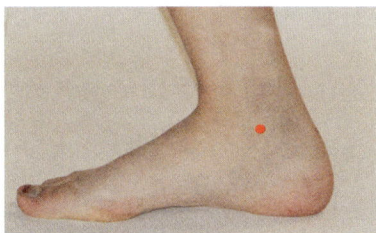

申脉　　　　　　　　　　照海

昆仑穴：侧坐或仰卧位，在小腿外侧下端高骨（外踝尖）与脚腕后的大筋（跟腱）之间可触及一凹陷，按压有酸胀感处即为此穴。

丘墟穴：坐位或侧卧位，取足外踝前缘垂线与下缘水平线的交点，按压有凹陷处即为此穴。

照海为肾经穴位，肾主骨生髓，选择肾经穴位可以强筋骨，缓解踝部疼痛。申脉、昆仑为膀胱经穴位，肾与膀胱相表里，故根据表里经的关系选用这两个穴位也可以强壮局部筋脉、骨骼。丘墟为胆经穴位，肝与胆相表里，可调畅肝气使筋脉得以濡养。取穴均为近处取穴，可以有效缓解踝部疼痛。

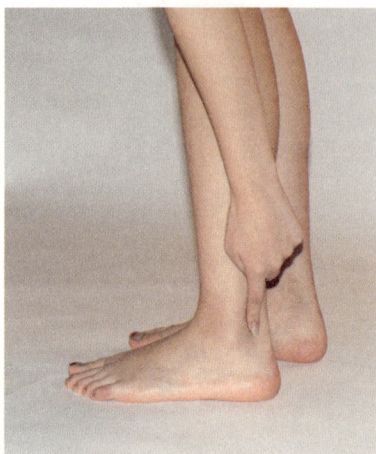

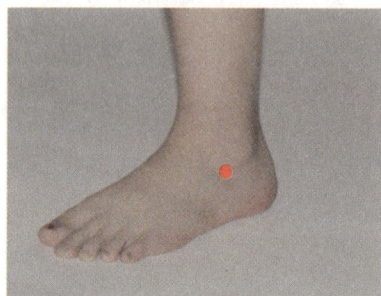

昆仑　　　　　　　　　丘墟

3. 经典病案

某女，19 岁，于跑步中不慎扭伤脚踝，踝外侧疼痛、肿胀，走路跛行，疼痛难忍。针刺申脉、丘墟、照海、昆仑穴，针刺后痛稍减。闲暇时即自主按揉上四穴，两日后自行恢复。

肘臂痛

肘臂部的疼痛与肩痛略有相似，表现为肘臂部的肘关节及其周围的肌肉筋骨疼痛，甚至向远端放射至肩背或手腕。其痛或猝然而止，或痛甚不休，或痛甚不可按，或按之而痛止，或按之无益……那么，肘臂痛的成因有哪些？我们在治疗与预防的过程中，有哪些穴位可以推荐给大家呢？

1.肘臂部疼痛的原因

肘臂部的疼痛原因主要有以下几个方面：

（1）风寒湿邪侵袭机体，寒气流于经脉表面或停滞于经脉之中。寒主收引，当寒气流于经脉表面时就会造成经脉的拘挛与屈伸不利，甚至无法屈肘抬肩；寒气客于经脉之中或留于肌肉筋骨时，会造成肘部血流缓慢，气血运行不畅，使局部筋骨肌肤失养，而形成"不荣则痛"。寒气长时间留于腠理之中，还会因其长时间的收引凝滞作用在肌肤关节筋骨中形成结节或瘀血，造成血液的运行不畅而形成"不通则痛"的局面。

（2）长时间的劳作或过量活动造成的肘关节损伤。比如我们常说的网球肘、妇女肘等。长时间、过度的劳作活动会造成局部组织中关节、肌腱的撕裂而形成长时间的慢性损伤引起疼痛。

那么，我们有没有什么方法能够减轻肘臂痛呢？下面是我们的一指禅治疗方法。

2.一指禅治疗方法

按揉曲池、手三里、合谷穴。

曲池穴：坐位，屈肘成直角（形如拱手作揖），肘弯横纹外侧尽头处与肘关节桡侧的高骨（肱骨外上髁）的中点即为此穴。

手三里穴：坐位，伸臂俯掌，先确定阳溪穴与曲池穴的位置，从曲池开始，沿阳溪与曲池连线向下3横指处即为此穴。

附：阳溪穴，坐位，伸臂俯掌，拇指向上翘，可见腕横纹前鼓起一根筋（即拇长伸肌肌腱），同时手掌缘也有稍微鼓起一根筋（拇短伸肌肌腱），两筋与腕骨、桡骨茎突所形成的凹陷处即为此穴。

合谷穴：拇、食两指张开，以另一手的拇指指间横纹正对虎口指蹼缘上，屈指，拇指尖所指之处，按压有明显酸胀感，即为此穴。

曲池穴为手阳明大肠经之合穴，手三里、合谷穴亦均为大肠经穴。大肠与肺相表里，肺主皮毛，根据表里经可相互佐治，选择大肠经的穴位也可以治疗与肺功能有关的皮毛腠理疼痛。此外，这三个穴位均位于上肢肘关节附近，取其近治作用也将有效缓解局部疼痛。

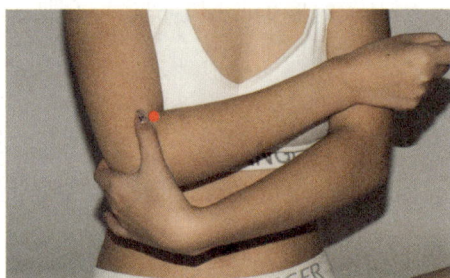

曲池

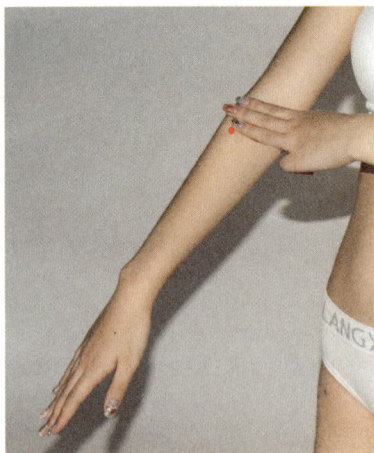

手三里

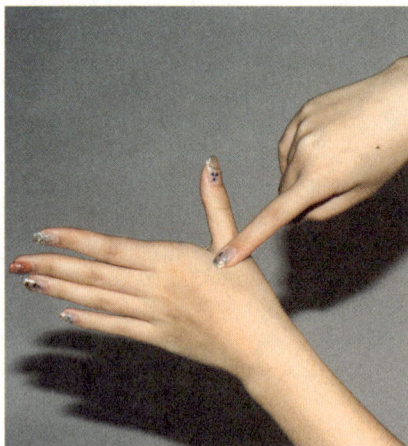

合谷

3. 经典病案

某女，36 岁，家庭主妇，两周前自觉右臂肘关节略有钝痛，一周前加重，局部关节僵硬，无法正常屈伸。考虑应为"妇女肘"的典型表现，予以针刺合谷、曲池、手三里穴，配合膏药贴敷在患部，一周内痊愈。嘱其避免患部过劳，可时常自主按揉上述穴位，自述疗效尚可。

腕痛

腕痛是由于腕关节损伤、关节炎、肌腱炎等疾病引起的腕部疼痛。腕关节扭伤，多有明显的外伤史。伤后出现腕部无力，腕关节活动不灵。轻伤，一般无明显肿胀，疼痛不甚，仅在大幅度活动腕关节时始有疼痛。严重扭伤，可有腕部肿胀、疼痛较重，不能活动腕关节或活动时疼痛加剧。损伤局部有压痛或触及筋肉组织异常改变。腕部损伤要及时治疗，预防腕舟骨、腕月骨发生缺血性坏死。

1. 腕痛的原因

手腕是日常生活中较常用的灵活关节，但其又只由较细小的骨头、部分肌腱和韧带组成，较易损伤，原因较多样。有局部腱鞘炎发生的可能，该病一般发生在腕部。由于肌腱血液供应不良和反复遭受轻微外伤常导致较大损伤。反复或剧烈外伤（不完全断裂）、劳损、过劳（由于不适应）运动等，为最常见的致病原因。某些全身性疾病如类风湿性关节炎、进行性系统性硬化症、痛风等也会使腕关节疼痛。局部有瘀血或外伤、骨关节面的错位也会造成腕部疼痛。

2.一指禅治疗方法

按揉阳池、外关、阳溪、阳谷穴。

阳池穴：坐位，抬臂垂腕，腕关节背面，由第四掌骨向上推至腕关节横纹，可触及一凹陷处（相当于腕背横纹中点处）即为此穴。

外关穴：坐位，抬臂俯掌，从掌腕背横纹中点直上3横指，在前臂两骨头之间的凹陷处，按压有酸胀感，即为此穴。

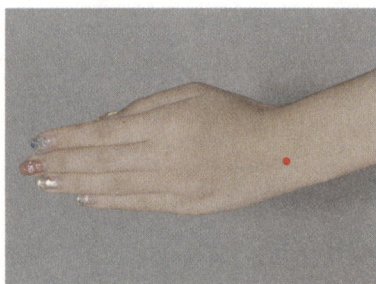

阳池

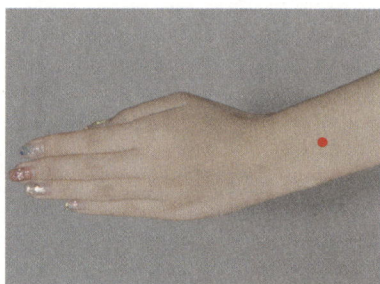

外关

阳溪穴：坐位，抬臂俯掌，掌腕背横纹桡侧（大拇指侧），桡骨茎突远端，大拇指翘起时，两条大筋中央凹陷处。

阳谷穴：坐位，屈腕，掌心向胸，由腕骨穴向腕部推，相隔一骨（三角骨）的凹陷处即为此穴。

阳池、外关、阳溪、阳谷这四个穴位均为手腕部附近的穴位，且为临床上针刺可治疗上肢疼痛的常用穴位，取其近治作用可有效疏通腕部的筋骨气血，缓解腕部疼痛。

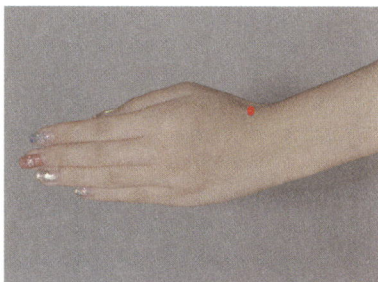

阳溪

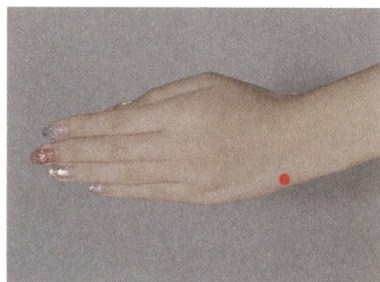

阳谷

3. 经典病案

孙某，某医学院学生，长时间打游戏后发觉手腕部疼痛，隐隐作痛，痛时不休，腕关节活动时加剧，自主按揉阳池、外关、阳溪、阳谷穴后好转，效果较好，三日后痊愈。

手指痛

手是我们最常用、最灵便的器官，手指疼痛会极大影响我们的正常生活。首先，手指关节痛并不会危及我们的生命，但是疼痛的程度不亚于牙痛，俗话说得好："牙疼不是病，疼起来要命。"手指疼对我们而言也是如此，更何况手指疼会严重影响我们的日常生活，所以也是一个十分重要的问题。

1. 手指疼痛发生的原因

对于不同的病症表现，其病因往往也不相同。

（1）在疼痛之前，手指关节有明显的红肿，握拳时有些困难。疼痛时，越是去捏住手指，反而越痛。这种疼痛是由痛风引起的，生活中要注意减少肉类的摄取，以减轻痛风的发作。

（2）手指关节疼痛并不是很急促，而是带着一种麻木而酸痛的感觉，关节处皮肤比较光亮，看不到皮肤的细纹。疼痛时，越是去揉捏患处，越是舒服。这种疼痛是类风湿关节炎的表现。主要病因为风寒湿邪的侵袭，治疗时应注意祛除风寒湿邪，并在生活中尽可能减少与风寒湿接触的机会。

（3）冻疮造成的疼痛，则是因为寒邪侵袭，客于筋骨之中导致的疼痛。治疗时应注意保暖祛寒，可以用一些保健手法疏通经络，调畅气血。

2. 一指禅治疗方法

按揉合谷、后溪、八邪、十宣穴。

合谷穴：拇、食两指张开，以另一手的拇指指间横纹正对虎口指蹼缘上，屈指，拇指尖所指之处，按压有明显酸胀感，即为此穴。

后溪穴：坐位，仰掌握拳，手掌尺侧，在小指掌指关节（第5掌指关节）后，有一皮肤皱襞突起，其尖端（掌指横纹头掌背交界线或称赤白肉际处）即为此穴。

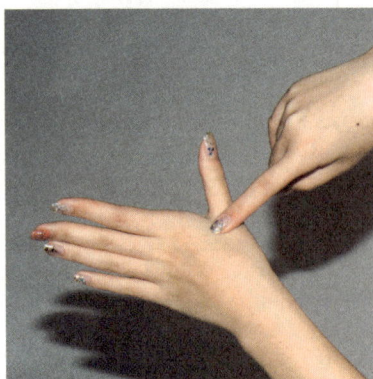

合谷

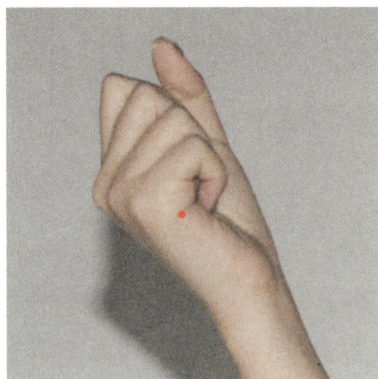

后溪

八邪穴：坐位，伸臂俯掌，手背掌指关节前，第 1 至第 5 指间的缝纹端后方掌背交界线（即赤白肉际处），即为此穴，左右共 8 个。

十宣穴：坐位，仰掌，十指微屈，在手十指尖端，距指甲游离缘 0.1 寸处即为此穴。

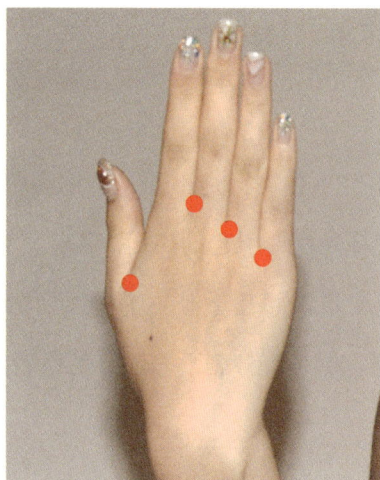

八邪

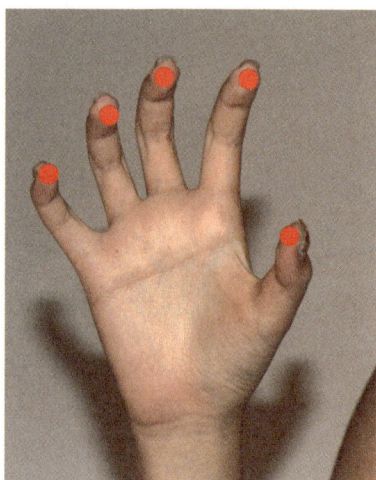

十宣

合谷为治疗上肢疼痛的经典要穴，属手阳明大肠经。在中医理论中，肺主皮毛，司呼吸，与大肠相表里，故而跟皮肤有关的疼痛可以选择肺经和大肠经的穴位，可有效治疗。合谷又为临床经典要穴，故选用此穴。后溪为手太阳小肠经之穴，通过大椎穴与督脉相通，督脉主人体一身阳气，选择此穴可助局部经脉温通，减缓疼痛。八邪与十宣均为临床中有验效的奇穴，都在手部，可取其近治作用缓解手指疼痛。

3. 经典病案

姜某，女，14 岁，每年冬季均发冻疮，自述患处又麻又痒，疼痛不剧，患处肌肤破溃，肉色紫红，考虑患者年纪较小，开冻疮膏一盒予之，嘱其注意保暖，时常按揉合谷、后溪、八邪、十宣等穴位，后述症状大大缓解，自觉良好。

足跟痛

足跟痛指足跟一侧或两侧疼痛，不红不肿，行走不便，又称脚跟痛，是由于足跟的骨质、关节、滑囊、筋膜等处病变引起的疾病。往往发生在久立或行走者，由长期、慢性轻伤引起。足跟部有骨刺，有时也会导致足跟痛，此时侧位 X 射线片显示跟骨骨刺，但是有骨刺不一定有足跟痛。

1. 足跟痛的原因

足跟痛常见的原因为局部筋骨肌肤失养，或因过度劳累或长时间站立使韧带、肌腱受损等，除此之外，又因"肾主骨生髓"，故而肾气不充时往往会使骨骼因肾气不足而有病变的症状，足跟作为人体负重最多的部位之一，也会受其影响而产生疼痛。同理，因为"脾主肉，肝主筋"，当脾气虚、肝气不足时也可能使足跟部产生程度不同的痛苦。

2. 一指禅治疗方法

按摩肾俞、承山、昆仑、太溪、然谷穴，然后擦跟腱 36 次，揉跟骨 36 次。

肾俞穴：取正坐或俯卧位，取一线过肚脐绕腹腰一周，与肚脐中相对应处即第 2 腰椎棘突，从其棘突下缘旁开 2 横指，按压有酸胀感处即为此穴。

承山穴：有两种取穴方法。

①直立，足尖着地，两手上举按墙。在腓肠肌下部可见一人字纹，在其下可触及一凹陷处即为此穴。

②俯卧位，取一标有二等分的弹性皮筋，将皮筋两端点与腘窝横纹中点、外踝尖对齐，在皮筋的中点，按压有凹陷处即为此穴。

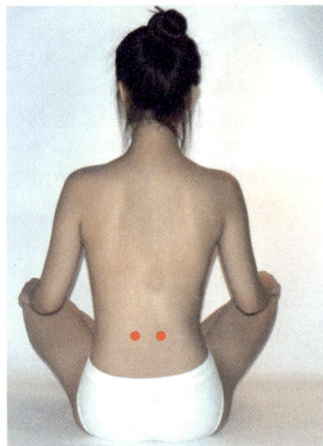
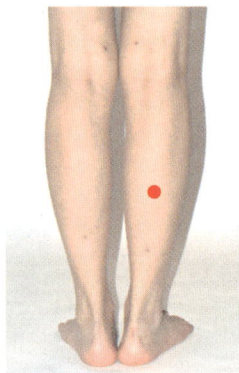

肾俞　　　　　　　　　　承山

昆仑穴：侧坐或仰卧位，在小腿外侧下端高骨（外踝尖）与脚腕后的大筋（跟腱）之间可触及一凹陷，按压有酸胀感处即为此穴。

太溪穴：侧坐或仰卧位，由足内踝尖向后推至与跟腱之间凹陷处（大约当内踝尖与跟腱间之中点），按压有酸胀感处即为此穴。

然谷：侧坐或仰卧位，先找到内踝前下方较明显之骨性标志——舟骨，舟骨粗隆前下方可触及一凹陷，按压有酸胀感处即为此穴。

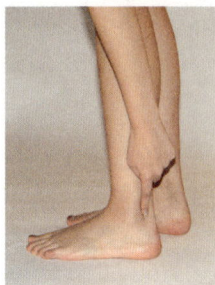 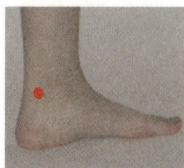 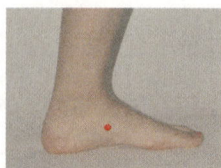

昆仑　　　　　　太溪　　　　　　然谷

按揉过以上穴位后，擦跟腱 36 次，揉跟骨 36 次。

中医认为"肾主骨生髓"，治疗足跟痛，必须选取肾经上的然谷穴和太溪穴来补肾强骨。同时，足太阳膀胱经与肾经相表里，可选取肾俞、承山穴，而昆仑穴也可以起到补肾经以止疼痛的作用。跟腱与跟骨是足跟痛处的主要疼痛点，摩擦与按揉会加快此处血流速度，使局部气血充沛，从而有效缓解疼痛。

3. 经典病案

徐某，女，24 岁，曾因长时间站立而导致两足足跟疼痛，痛不能立，休息后自主按揉肾俞、承山、昆仑、太溪、然谷穴，然后擦跟腱 36 次，揉跟骨 36 次，早晚各一次。按揉后痛苦减轻，三日后基本恢复。

高血压

对于高血压，西医给出的定义是指以体循环动脉血压（收缩压和/或舒张压）增高为主要特征（收缩压 ≥ 140 毫米汞柱，舒张压 ≥ 90 毫米汞柱），可伴有心、脑、肾等器官的功能或器质性损害的临床综合征。

我们在这里说的血压指的是血液在流动时对血管壁造成的侧压力。就像我们在一节水管里面注水，这个水管本来最大可以容纳 100 毫升水，然而我们却用力往里面注入 120 毫升水，那么管子里的压力就会非常高。如果压力高出了正常值，就会形成高血压。

中医认为，高血压主要是由肝阳偏盛导致的，患者经常头晕，脾气不好。肝体阴而用阳，肝为刚脏，容易生发太过，从而形成高血压。或由肝肾阴虚，阴不涵阳，以致肝阳升动太过。患者口舌容易干燥，舌质比较红。中医认为阴阳互根互用，如果阴亏日久，又容易形成阴阳两虚，这样的患者大都年龄比较大，身子非常虚，平常少气懒言，还患有高血压。

1. 高血压的症状

高血压的症状主要有头痛、头晕、头昏、头胀等，严重者还可有气喘、呼吸困难、浮肿、视力障碍、恶心、呕吐、偏瘫、少尿、胸痛等并发症。与病毒和细菌不同，高血压看不见、摸不着。很多患者血压非常高，却感觉不到任何症状，多数在体检时发现。但是一旦发病，就和患者如影随形，挥之不去。长期的高血压还会出现严重的心、肝、肾、眼底等并发症。一旦被确诊为高血压，就必须积极治疗。

2. 哪些人更容易患高血压

首先，遗传因素占了很大一方面，中老年人易患高血压，其中 40% 以上的患者父母有高血压病史；父母无高血压，子女患高血压的概率只有 3%。所以，如果您的父母患有高血压，一定要定期检测自己的血压。

情绪不稳定的人也易患高血压，因为情绪激动、精神紧张的人，脾气暴躁，办事总爱瞻前顾后、反复思虑又难以下定决心。过于焦虑、从事脑力劳动和精神高度紧张的人，也容易罹患高血压。此类人群如患高血压，药物治疗疗效往往欠佳。

3. 患了高血压，试试一指禅

（1）肝阳偏盛揉百会穴，想象自己沐浴在月光中，气从涌泉穴排出。

百会穴：取穴时将两耳郭向前对折，由两个耳尖连线跨越头顶与头部前后正中线之交点即是本穴。头为诸阳之会，百脉之宗，而百会穴则为各经脉气会聚之处。穴性属阳，又于阳中寓阴，故能通达阴阳脉络，连贯周身经穴，对于调节机体的阴阳平衡起着重要的作用。

涌泉穴：取穴时仰卧或俯卧位，5 个足趾屈曲，屈足掌，当足底掌心前面（约足底中线前 1/3 处）正中之凹陷处即是本穴。

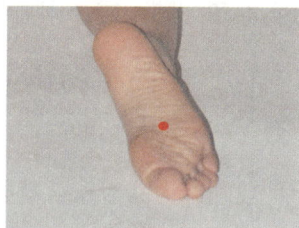

百会　　　　　　　　　　涌泉

涌泉穴位于人体的最下部，在揉百会穴的时候，想象自己沐浴在月光中，具有凉润、沉降之性。想象人的阳气，从头顶一直往下走，到达脚底的涌泉穴，从涌泉穴排出去，对于肝阳偏盛的患者具有非常好的效果。

（2）肝肾阴虚取百会，想象自己沐浴在月光中，想象气从涌泉穴排出；取心俞、极泉、内关、曲池、大陵穴，想象太阳照耀自己。

心俞穴：取穴时在人体的背部，由平双肩胛骨下角之椎骨（第七胸椎）往上推两个椎骨，即第五胸椎骨棘突下双侧各旁开2横指（食、中指）处即是本穴。心俞穴是心气输注于腰背部的腧穴。

极泉穴：取穴时上肢外展平伸，腋窝中央有动脉搏动，其内侧即是本穴。极泉穴是手少阴心经的穴位。

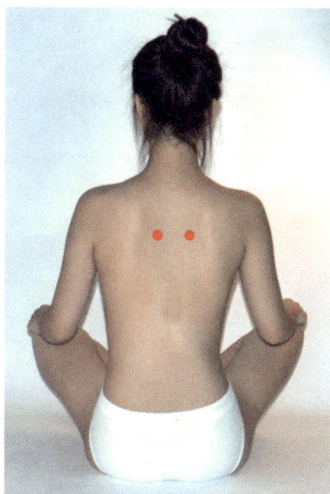

心俞

内关穴：取穴时仰掌，微屈腕关节，从掌后第一横纹上3横指，当两条大筋之间即是本穴。内关穴是手厥阴心包经的常用腧穴之一，是心包经的络穴。

极泉

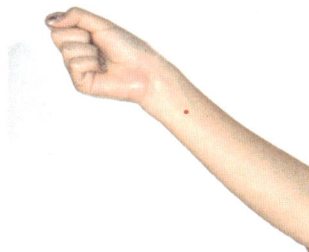

内关

曲池穴：取穴时手掌向上，微屈肘，肘横纹外侧尽头与肘关节桡侧的高骨（肱骨外上髁）的中点即是本穴。曲池穴具有调和气血的作用，常用一指禅点按，可以起到助心行血的作用。

大陵穴：取穴时手掌向上，微屈腕关节，在掌后第一横纹上，当所出现两筋之间即是本穴。大陵穴是心包经的原穴。

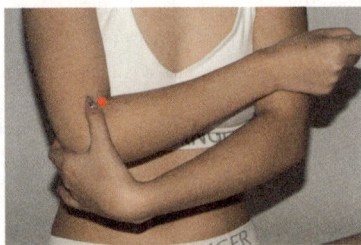
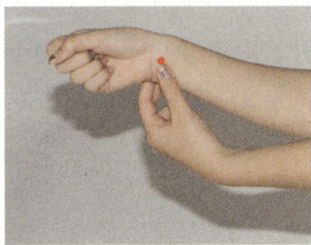

曲池 　　　　　　　　　　　　　　　　　大陵

众所周知，高血压容易引发心脏病，通过按心经或心包经上的穴位，可以调节心气，不仅体现了中医未病先防的思想，对肝肾阴虚的高血压患者也具有较好的效果。

（3）阴阳两虚取百会穴，想象自己沐浴在月光中，想象气从涌泉穴排出；取心俞、极泉、内关、曲池、大陵、足三里、三阴交穴，想象太阳照耀自己。

足三里穴：取穴时站位，用同侧手张开虎口围住髌骨上外缘，四指直指向下，中指尖的指处即是本穴。足三里是强壮保健的要穴，可以增强人的脾气。

三阴交穴：取穴时以手四指并拢，小指下边缘紧靠内踝尖上，食指上缘所在水平线在胫骨后缘的交点，即是本穴。三阴交穴是足太阴脾经腧穴，具有健脾和胃的功效。

中医讲脾胃为气血生化之源，脾是人体的后天之本。气属阳，血属阴。调补脾胃就可以补一身之阴阳。足三里、三阴交穴位于胃脾二经之上，通过一指禅按揉，可以补人身之阴阳。

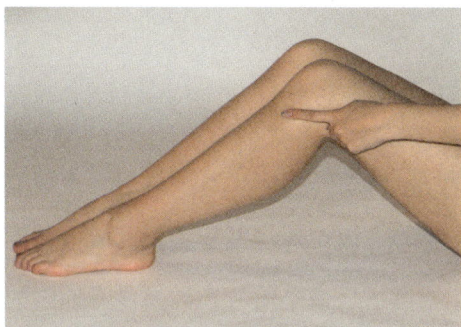

足三里

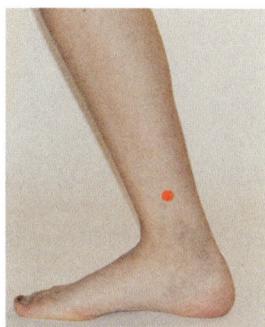

三阴交

4.高血压调护，饮食要注意

高血压的患者饮食要尽量以低盐、低脂、低糖为主，其中最重要的是食盐的含量，每天一定要控制在 8 克以下，最好可以在 5 克以内。下面给大家介绍一个小验方。

芹菜粥：芹菜 100 克，洗净留根，叶切碎；大米 100 克，加适量水煮。大米煮软后加碎芹菜煮熟。每天服用一到两次。

5.经典病案

一位居士 37 岁，单位体检时发现血压偏高，为 150/100 毫米汞柱。我给他辨证后认为是肝阳偏盛型，同时告诉他，这是"临界高血压"，这时候用心治，血压就降下去了，不及时处理的话就变成真正的高血压了。后来他每天坚持一指禅治疗，血压降到 130/80 毫米汞柱。

咳嗽

咳嗽这种病，想必大家都得过。咳嗽是人类正常的反射，帮助清除呼吸道内的异物。例如，吃饭时不小心，饭粒掉进气管，借助咳嗽就能将饭粒咯出，以免引起肺炎。而且，咳嗽还是一个信号，如果没有原因的咳嗽一直不停，就说明人体出了问题，要赶快就医。

中医认为，咳嗽是指外感或内伤等因素，导致肺失宣肃，肺气上逆，冲击气道，发出咳声或伴咯痰为临床特征的一种病症。历代将有声无痰称为咳，有痰无声称为嗽，有痰有声谓之咳嗽。临床上多为痰声并见，很难截然分开，故以咳嗽并称。

1. 咳嗽病虽小，分型不可忘

咳嗽主要是由外邪引动，邪气有风寒、风热、风燥的不同。我们可以根据这些不同的邪气，把咳嗽分为风寒咳嗽、风热咳嗽、风燥咳嗽三种证型。

（1）风寒咳嗽

风寒咳嗽通常是由身体受寒引起的。典型症状是舌苔发白，出现怕冷、畏寒、怕风等感冒症状，流清涕或是鼻腔干干的，没有鼻涕。一般会喉咙发痒，痰稀色白，或伴有鼻塞、流清涕、头痛、肢体酸痛等症状。

（2）风热咳嗽

风热咳嗽主要是受热邪或内热重引起的，主要症状是舌尖、口唇很红，伴有口臭，眼屎多，流黄脓鼻涕，吐黄脓痰。一般比较剧烈，咳声嘶哑，咽喉肿痛，痰黏发黄，或伴有流黄涕、口渴、头痛等症状。

（3）风燥咳嗽

风燥咳嗽主要是由肺虚液少或燥邪伤肺所致的咳嗽。其症咳嗽痰少，喉中声哑，烦渴引饮，大便秘涩，肌肤枯燥。临床主要表现为反复咳嗽、咯黄痰，伴有口干、咽痛、便秘、尿赤、身热或伴有喘息等症状，舌质红、苔薄黄或黄腻、少津、脉滑数或细数。

2. 治外感咳嗽，一指禅不可忘

（1）风寒型，揉大杼、风门、肺俞、外关、列缺、复溜、合谷穴，想象太阳照耀自己。

大杼穴：取穴时低头，可见颈背部交界处椎骨有一高突并不能随颈部左右摆动而转动者，即是第7颈椎，其下为大椎穴。由大椎穴再向下推一个椎骨（即陶道穴），旁开两横指处即是本穴。

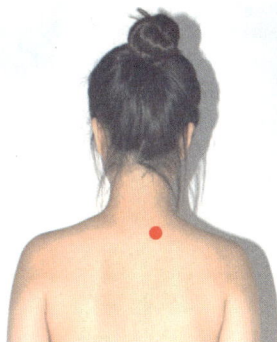

大杼

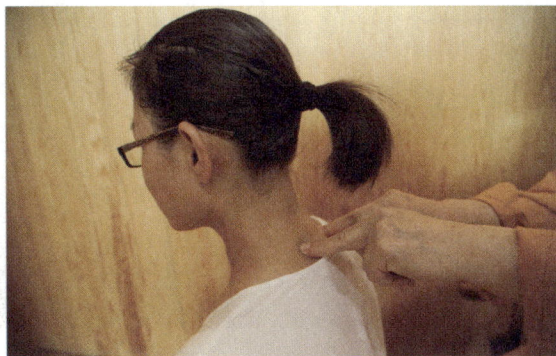

点揉大杼穴

风门穴：取穴法类似大杼穴，由大椎穴往下推两个椎骨，取其下缘为一点，作一水平线，由大杼穴作一与后正中线的平行线，两线的交点即是本穴。

肺俞穴：取穴时由大椎穴（参考大椎穴）往下推3个椎骨即为第3胸椎，由此椎棘突下双侧旁开2横指（食、中指）处即是本穴。

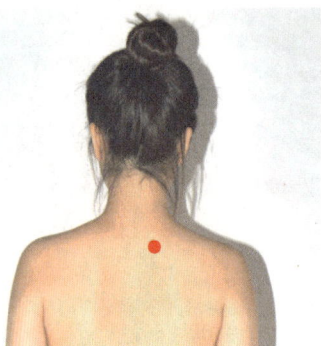

风门

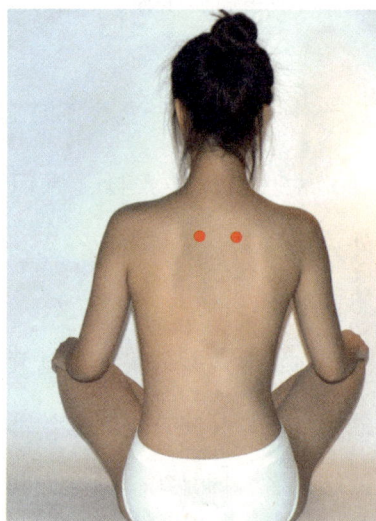

肺俞

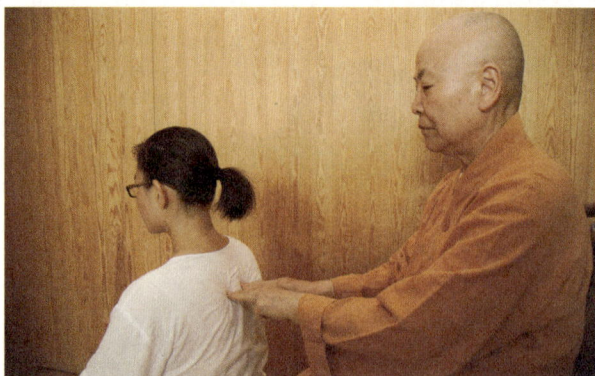

点揉肺俞穴

外关穴：取穴时立掌，腕背横纹中点直上三横指，前臂两骨头之间处即是本穴。

列缺穴：取穴时两手张开虎口（也就是拇指与食指之间的部分），垂直交叉，一侧食指压于另一侧的腕后桡侧高突处，当食指尖所处赤白肉际的凹陷即是本穴。

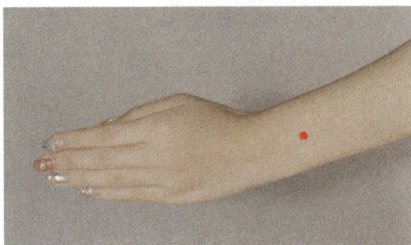

外关

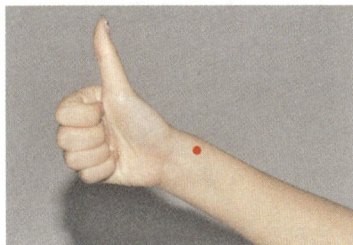

列缺

复溜穴：取穴时足内踝尖（脚踝靠近内面的骨头凸起处）与跟腱连线中点（即太溪穴），由该穴上三横指即是本穴。

合谷穴：取穴时拇、食指张开，使虎口拉紧，另一手的拇指关节横纹压在虎口上，拇指关节向前弯曲压在对侧的拇、食指指蹼上，拇指尖所指处即是本穴。

感受风寒之后，太阳经容易受邪，所以选穴的时候主要选取位于足太阳膀胱经上的大杼、风门、肺俞穴。外关穴可以散表邪。列缺穴与合谷穴相配，可以宣肺解表止咳。复溜穴属金，穴位主司肾经的天部阳气，性温热，与肺金之气同性。揉这些穴位的时候，想象太阳照耀自己，借助温热之力，有助于驱散寒邪。

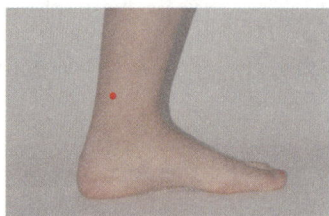

复溜

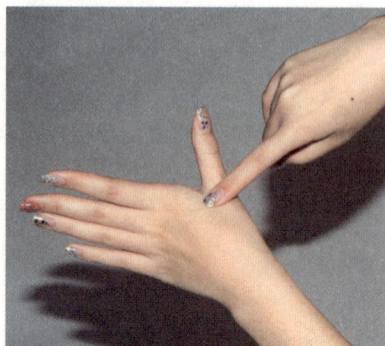

合谷

（2）风热型，揉大椎、风门（见前文）、曲池、少商、尺泽、太渊穴，想象自己沐浴在月光中。

大椎穴：取穴时坐位低头，项后上背部脊柱最上方突起之椎骨（第 7 颈椎），其下缘凹陷处即是本穴。特点是突起椎骨用手按住时不能感觉到随颈部左右摇头而活动者即是第 7 颈椎。

曲池穴：取穴时手掌向上，微屈肘，肘横纹外侧尽头与肘关节桡侧的高骨（肱骨外上髁）的中点即是本穴。

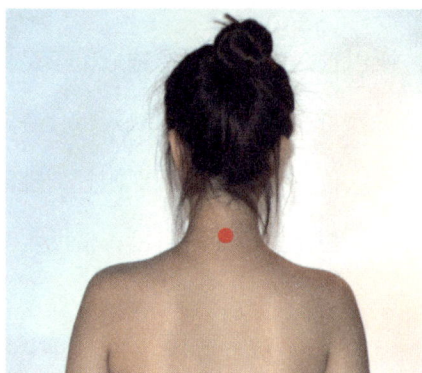

大椎

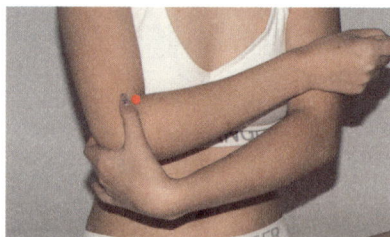

曲池

少商穴：取穴时伏掌于台面，伸出拇指，其内侧（桡侧）沿拇指甲底部与桡侧缘所引垂线之交点处，即是本穴。

尺泽穴：取穴时肘部微屈，手掌向前上方，触及肘弯里大筋（肱二头肌肌腱）的桡侧（外侧），与肘横纹的交点，即是本穴。

太渊穴：取穴时伸手置台面，掌心向上，手掌后拇指所在侧（桡侧），可触及一小圆骨（大多角骨）的外侧（桡侧）下缘，当掌后第一横纹有脉搏处即是本穴。

风热犯肺，最先侵及手太阴肺经，取该经的少商与尺泽穴，可以疏散肺经之邪气，大椎、曲池和少商穴是针灸上经常用来清热的穴位。揉这些穴位的时候，想象自己沐浴在月光中，可以增强效果。

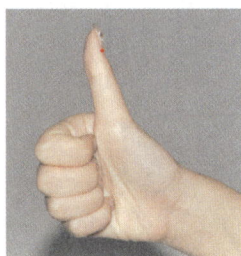 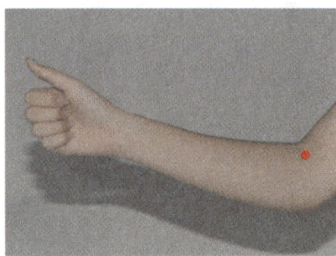 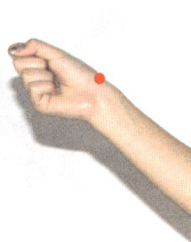

少商　　　　　　　　尺泽　　　　　　　　太渊

（3）燥咳型，揉大椎（见前文）、风门（见前文）、肺俞（见前文）、天突、中府、丰隆穴，想象自己沐浴在月光中。

天突穴：取穴时仰靠坐位，胸骨上端凹陷中。很多患者贴过三伏贴，这个穴位是三伏贴最常用的穴位，具有很好的调肺气的作用。

中府穴：穴位在乳头外侧旁开 2 横指，往上直推 3 条肋骨处即是本穴（平第一肋间隙）。

丰隆穴：在外膝眼（犊鼻）穴与外踝前缘平外踝尖处连线的中点，距胫骨前嵴约二横指处即是本穴。

燥咳的治疗重在疏风润燥，取风门、肺俞和中府穴散风。燥邪容易化热，因此我们选取大椎穴防化热。丰隆穴可以调节人体的水液，对于防治燥邪和痰湿都有较好的作用。

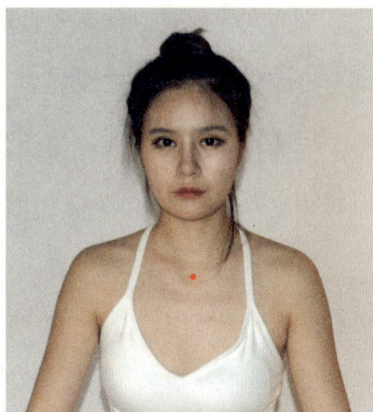

天突

中府

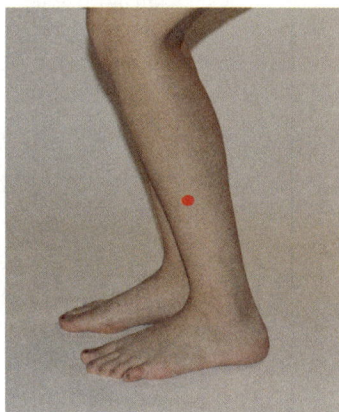

丰隆

3. 夜咳不止有妙招

临床上有的患者夜间咳嗽得很厉害，甚至没有办法躺在床上睡觉，白天咳嗽减轻。对于这种患者，睡前可以用生芝麻 15 克，冰糖 10 克，开水冲服，咳嗽会大大减轻。我遇到这样的患者都推荐他们用这个方子，往往能够收到意想不到的效果。

糖尿病

在世界医学史上，中医学对糖尿病的认识最早，介绍得也比较详细，那么糖尿病在中医中的认识是怎样的呢？糖尿病是一种十分常见的疾病，在各个年龄段都可出现，在中老年人中的发病率更高。中医称糖尿病为"消渴"，主要是指人的血糖不断升高，不断进展，导致人身体的各种组织，特别是眼、肾、心脏、血管、神经的慢性损害、功能障碍。我们的身体中分泌一种称为胰岛素的物质，可以控制血糖，不让它升高。高血糖则是由于胰岛素分泌减少或者胰岛素不能发挥原来应有的作用，或两者兼有引起，最终会导致各种组织、各个器官的功能障碍，影响人们的正常生活和身体健康。

1. 如何预防糖尿病

糖尿病的典型症状是三多一少，即多饮、多食、多尿、体重减轻。顾名思义，多饮就是喝水喝得多，如果最近发现自己总是口干、容易口渴，喝水喝得比较多，就要注意了；多食，感觉最近一段时间饭量大了很多，刚吃完饭没多长时间就饿了也要高度警惕。再有就是不明原因的消瘦，体重在短时间里迅速减轻，近段时间总是疲乏、虚弱、无力，工作时不能集中精力。还有一些人群也很容易患上糖尿病，如肥胖的人，可能同时患有高脂血症、高血压、冠心病等。糖尿病还有其他一些症状容易被我们忽视，如皮肤上易长疖子，出现外阴瘙痒、皮肤瘙痒，外涂药物无效；视力减退或视物模糊，脚趾头麻木，经常感到头晕眼花。总之，糖尿病患者早期可能出现以上不典型症状。如果我们出现以上症状，要及时检查血糖、糖化血红蛋白水平等，以做到早诊断，早干预，早受益。

2. 中医辨证认识糖尿病

中医认为糖尿病属于消渴，并将其分为上消、中消、下消，其病因复杂，多与饮食、情志、禀赋有关。消渴的病变脏腑主要在肺、胃、肾，其病机主要在于阴津亏损，燥热偏胜，两者互为因果。中医辨证论治将消渴分为肺热津伤、胃热炽盛、肾阴亏虚三种证型。

（1）肺热津伤证

肺热津伤被古代医家称为上消。患者总是口干舌燥，烦躁，喝水量比平时多出很多，尿的次数和尿量也增加很多。中医讲究四诊合参，从舌象来看舌边尖红，舌苔薄黄。

（2）胃热炽盛证

胃热炽盛多表现为中消的症状。患者饭量比平常增大，饥饿也更快，同时有口渴、尿多的表现。这时候，患者的体重可能也会减轻，大便干燥，舌苔发黄，脉搏跳得也更有力。

（3）肾阴亏虚证

说起肾阴亏虚，大家很熟悉，这是下消的证型。患者尿频量多，有时尿液混浊，或者尿甜，腰膝乏力，头晕耳鸣，口干唇燥，皮肤干燥。六味地黄丸治肾阴虚效果就很好。

3. 一指禅治疗糖尿病效果好

对于糖尿病的治疗，一指禅推法也遵从中医辨证论治的原则，从以下三个证型入手。

（1）肺热伤津型：按揉肺俞、太渊、神门、廉泉穴，想象太阳温暖着自己；按揉内庭穴，想象自己沐浴在月光中。

肺俞穴：取俯卧位或俯伏坐位，先找到背部上方取穴标志：颈部前屈时项部最高的地方就是第 7 颈椎棘突，其下方凹陷处就是大椎穴。再向下数至第 3 胸椎棘突下方，旁开 1.5 寸处为肺俞穴所在。

太渊穴：取穴时伸手置台面，掌心向上，手掌后拇指所在侧（桡侧），可触及一小圆骨（大多角骨）的外侧（桡侧）下缘，当掌后第一横纹有脉搏处即是本穴。太渊穴是肺经的原穴，按揉此处能够清肺热。

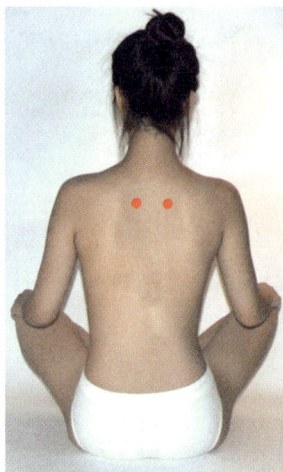

肺俞

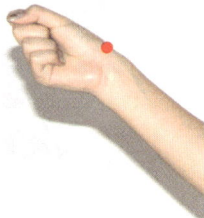

太渊

神门穴：位于手腕部，手掌侧横纹尺侧端，尺侧腕屈肌腱的桡侧凹陷处。尺侧指掌心向前手腕的内侧，外侧为桡侧。

廉泉穴：在颈部，当前正中线上，喉结上方的凹陷处。用指头压迫本穴位，可感觉到舌根。

内庭穴：在足背，当第2、3趾间，趾头缝后方凹陷处。足阳明胃经的荥穴。

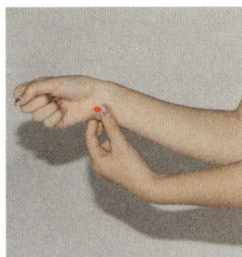 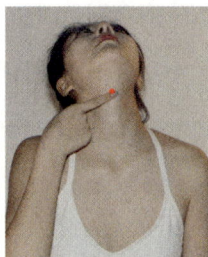 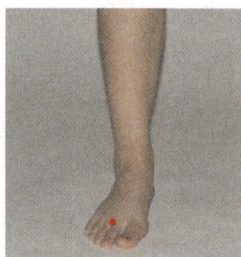

神门　　　　　　　　廉泉　　　　　　　　内庭

（2）胃火炽盛型，按揉胃俞、足三里、中脘、三阴交穴；按揉然谷穴，想象自己沐浴在月光中。

胃俞穴：位于背部，取胃俞穴时，可采用俯卧的取穴姿势。该穴位于人体的背部，用手指数到第12胸椎棘突下，左右旁开2指宽处即是。胃俞是胃的背俞穴，可以清泻胃火。

足三里穴：取穴时站位，用同侧手张开虎口围住髌骨上外缘，四指直指向下，中指尖的指处即是本穴。足三里穴是强壮保健的要穴，可以增强人的脾气。

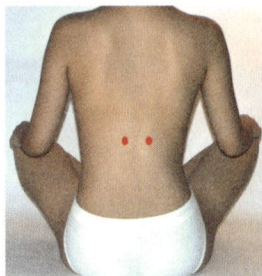 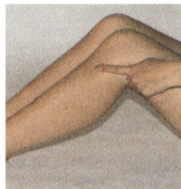

胃俞　　　　　　　　足三里

中脘穴：取穴时可采用仰卧的姿势，该穴位于人体的上腹部，前正中线上，胸骨下端和肚脐连线中点即为此穴。

三阴交穴：取穴时以手四指并拢，小指下边缘紧靠内踝尖上，食指上缘所在水平线在胫骨后缘的交点，即是本穴。三阴交穴是足太阴脾经腧穴，具有健脾和胃的功效。

然谷穴：在足内侧缘，足舟骨粗隆下方，赤白肉际处。

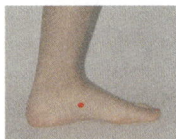 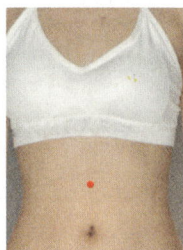 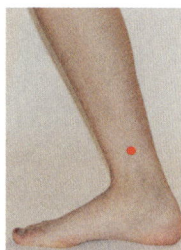

然谷　　　　　中脘　　　　　三阴交

（3）肾阴亏虚型：按揉肾俞、三焦俞、关元、太溪、太渊（见前文）、气海穴，想象太阳温暖着自己。

肾俞穴：定穴位时，通常采用俯卧姿势。此穴位于人体的腰部，当第2腰椎棘突下，左右2指宽处。肾俞穴为肾的背俞穴，按揉此处可补肾阴之不足。

三焦俞穴：取穴时常采用俯卧姿势。此穴位于人体的腰部，当第1腰椎棘突下，左右旁开2指宽处。

关元穴：在下腹部，前正中线

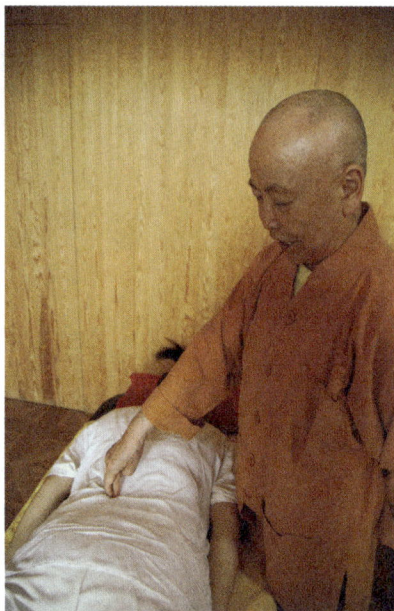

揉肾俞穴

上，当脐下 3 寸。关元为任脉穴，能够调补阴阳气血。

揉关元穴

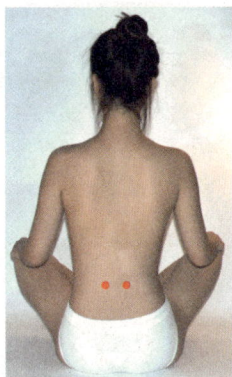 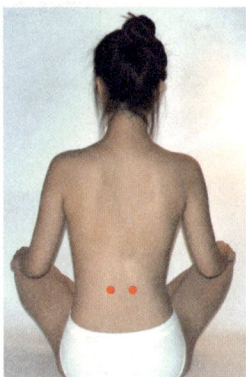 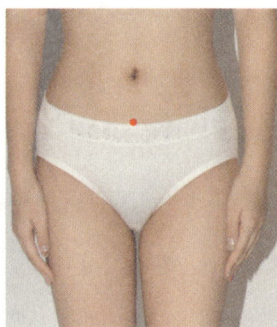

肾俞　　　　　　　　三焦俞　　　　　　　　关元

太溪穴：在足踝区，内踝尖与跟腱之间的凹陷处。

气海穴。取穴时，可采用仰卧的姿势。该穴位于人体的下腹部，直线连接肚脐与耻骨上方，将其分为十等分，从肚脐往下 3/10（1.5 寸）的位置，即为此穴。

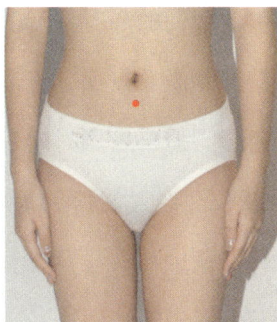

气海

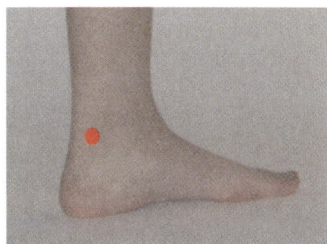

太溪

4. 经典病案

我曾在门诊上诊治一个病例，患者，男，69岁，西医诊断为糖尿病，病史二十余年，经常服用二甲双胍等降血糖药物。患者说最近体重又减轻了很多，且大便干燥，舌苔黄厚，经辨证属于胃火炽盛型。嘱患者揉胃俞、足三里、中脘、三阴交、然谷穴，想象自己沐浴在月光中，同时注意饮食调养。患者坚持三个月后，大便正常，体重也恢复如初。

癔病（脏躁）

1. 癔病是不容忽视的心理疾病

当今社会，经济迅速发展，人们的生活水平有了很大的提高，医疗服务水平也有了很大的提升，各种疾病的发生率迅速下降，但也出现了许多新问题，人们面临生活、就业等各种压力，心理疾病的发生率有所提高，比如抑郁、焦虑等。心理疾病一般不容易被人们重视，等到严重时，患者甚至会有轻生的念头，因此此类疾病必须引起我们的高度重视。癔病（分离性障碍）是一种常见的心理疾病，多在精神刺激后发病，可出现身体方面的症状，这些症状大多具有鲜明的情感色彩。癔病发病时间较短，但运动障碍、言语障碍、感觉障碍等症状迁延较长。经过治疗后预后多较好，但也可反复发作。患者常具某些性格特征，发病也与文化背景有关，科学发达地区本病已少见，但在农村，本病的发生率仍然较高。

2. 中医辨证看癔病

中医根据患者的精神忧郁、烦躁不宁、悲忧善哭、喜怒无常等表现将其称为"脏躁"。古代的中医典籍《金匮要略·妇人杂病脉证并治》早就有"妇人脏躁，喜悲伤欲哭，象如神灵所作，数欠伸，甘麦大枣汤主之"这样的记载。患者大多容易受暗示，也容易感情用事，总是爱胡思乱想，猜疑别人，经常由于精神因素，如激动、惊吓、委屈、悲伤等，而突然起病，出现各种身体上的症状和精神方面的障碍。病情可轻可重，多种多样，有的很严重，但没有器质性病变。一般而言，妇女发病比较多，但是男性也有患病的。中医学认为脏躁大多属于内伤虚证，主要病因是精血不能营养五脏，阴阳失去平衡，虚火妄动，上扰心神；或肝气郁结，气郁痰阻，痰气交阻不得宣通。所以，本病临床可见烦躁，情志失控，神情恍惚，哈欠频作，不能自主等。对脏躁进行辨证论治可以取得满意的疗效。脏躁分为营血亏虚、内火燔炽和肝气郁结、痰气交阻两个证型。

（1）营血亏虚、内火燔炽型

血是人体生命活动过程中所必需的物质和动力基础。本证多由劳倦内伤、血虚气弱、阳气浮越所致，患者通常表现为皮肤发热，面色发红，总是口渴想喝水。血虚会导致虚火内生，会出现夜间盗汗、五心烦热。

（2）肝气郁结、痰气交阻型

肝主疏泄，调畅情志。此类患者情绪抑郁不舒，可以导致肝气郁结。患者总是感觉胸闷、肚子胀，两胁作痛，嗳气，女性还会有月经不调的表现。患者平时脾气暴躁，总是经常生气，爱叹气，动不动就大声哭泣。

3. 妇人脏躁，试试一指禅吧

（1）营血亏虚、内火燔炽型：按揉心俞、期门、内关、神门、太冲穴，想象太阳温暖着自己，然后全身放松。

心俞穴：取穴时在人体的背部，由平双肩胛骨下角之椎骨（第7胸椎）往上推两个椎骨，即第5胸椎骨棘突下，双侧各旁开2横指（食、中指）处即是本穴。心俞穴是心气输注于腰背部的腧穴，一指禅按揉此穴可以疏泄过盛的心火。

期门穴：位于胸部，当乳头直下，第6肋间隙，前正中线旁开4寸。本穴位于人体前正中线及侧正中线的中间位置。

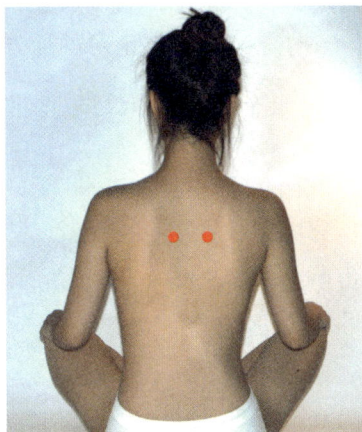
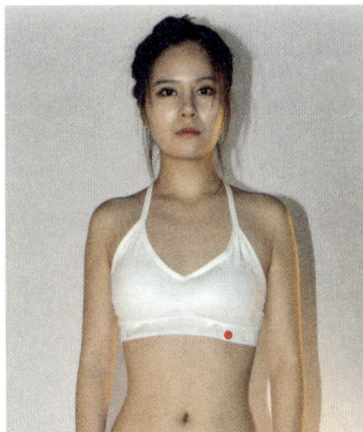

心俞　　　　　　　　　　期门

神门穴：位于手腕部，手掌侧横纹尺侧端，尺侧腕屈肌腱的桡侧凹陷处。尺侧指掌心向前手腕的内侧，外侧为桡侧。

内关穴：取穴时仰掌，微屈腕关节，从掌后第一横纹上 3 横指，当两条大筋之间即是本穴。内关穴是手厥阴心包经的常用腧穴之一，是心包经的络穴，心包又与心表里，取内关穴可散里脏即心经之火，表里同治。

太冲穴：位于足背，由第一、二足趾间凹陷处向足背上推，至其两骨联合前缘凹陷中（约趾缝纹头上 2 横指），即是本穴。太冲为肝经原穴，一指禅推揉此穴可以治疗虚火上炎。

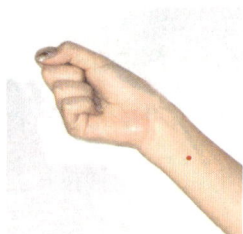 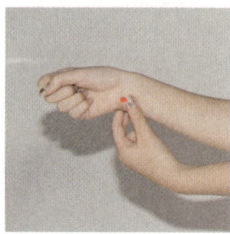 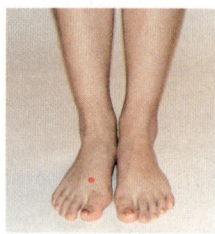

内关　　　　　　　神门　　　　　　　太冲

（2）肝气郁结、痰气交阻型：按揉章门、膻中、天突、大椎、太溪、昆仑穴，想象太阳温暖着自己，然后全身放松。

章门穴：在侧腹部，第 11 肋前端，屈肘合腋时肘尖正对的地方。章门穴隶属于足厥阴肝经，为脾经的募穴，一指禅推揉此穴可以清散肝经之火。

膻中穴：取穴时在人体的两个乳头连线的中点，是人之气会。胸膛上部的气态物质都聚集在这里，揉膻中穴可以激发人体的气机。

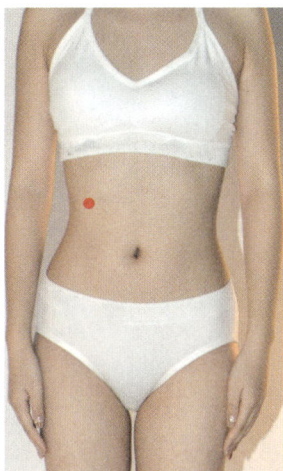

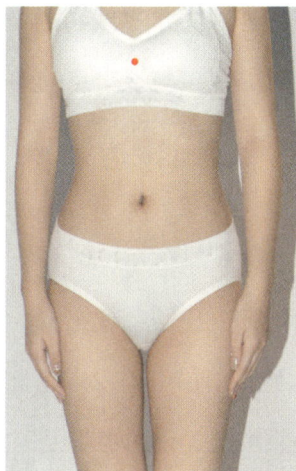

章门　　　　　　　　　　　　膻中

天突穴：位于颈部，当前正中线上，两锁骨中间，胸骨上窝中央。天突穴位于任脉上，有近治作用，按揉此穴可以化痰理气。

大椎穴：在第 7 颈椎棘突下，颈椎一共 7 节，当低下头左右转动脖颈时，上面 6 节颈椎都跟着转动，只有第 7 颈椎是不动的，这个不动的颈椎棘突下就是大椎穴。

太溪穴：是人体穴位之一，是足少阴原穴。其位于足内侧，内踝后方与脚跟骨筋腱之间的凹陷处，也就是在脚的内踝与跟腱之间的凹陷处。一指禅推揉此穴可以调补肾阴肾阳。

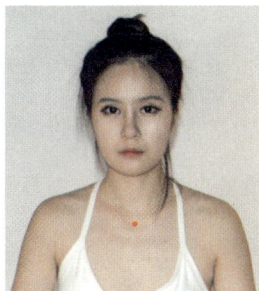

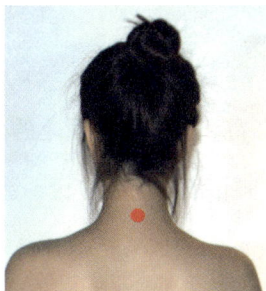

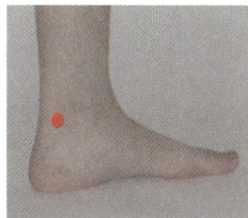

天突　　　　　　　　大椎　　　　　　　　太溪

昆仑穴：外踝尖水平线与跟腱外侧的交点，对外踝尖与该交点间的中点即是本穴。

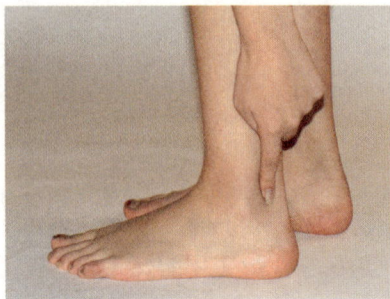

昆仑

4. 经典病案

我曾在门诊上诊治一位患者，女性，55岁，她在门诊上给我讲述自己的病情时一直哭泣，说的也都是家常小事，说自己总是胸闷，两胁疼痛，爱生闷气。经辨证认为此患者属于十分典型的肝气郁结、痰气交阻型。嘱咐患者按揉章门、膻中、天突、大椎、太溪、昆仑穴，想象太阳温暖着自己，然后全身放松；平时多与人沟通、交流，多出去散心。一个月过后，患者的心情有所好转，症状较之前也有了很大的改善。

神经衰弱（不寐）

1. 神经衰弱不是危言耸听

神经衰弱在我国属于神经症的一种。一说起神经症，大家可能自然而然地就会和精神病联系到一起。实际上，神经衰弱只是由于人长期处于紧张和压力下，出现精神容易兴奋和大脑容易疲乏的现象，常伴有情绪低落、烦恼、失眠多梦、肌肉酸胀疼痛等。这些症状不能简单地归于大脑病变及其他精神疾病。神经衰弱的症状时轻时重，这可能与人的自身情感因素和社会环境的影响有关，症状持续的时间也较长。神经衰弱的主要临床特点是：患者常感脑力和体力不足，容易疲劳。常见症状有乏力和容易疲劳；注意力难于集中，记忆力不佳，常忘事，不论是脑力劳动还是体力活动，稍久即感疲乏；对刺激过度敏感，如对声、光刺激或细微的躯体不适特别敏感。

2. 不寐的中医辨证分型

西医所说的神经衰弱在中医看来应该归属于不寐的范畴。中医认为，生病的人、年老的人、体质差的人，暴饮暴食、饮食不规律的人，都很容易失眠。其主要表现为睡眠时间、深度的不足，以及不能消除疲劳、恢复体力与精力，病情轻的人入睡困难，或寐而不酣，时寐时醒，或醒后不能再寐，病情重的人就会彻夜不寐。失眠的病因虽多，主要还是情志、饮食或气血亏虚等身体内部的原因居多，由这些病因引起心、肝、胆、脾、胃、肾的气血失和，阴阳失调。其基本病机分为由心血虚、胆虚、脾虚、肾阴亏虚导致心失所养，以及由心火偏亢、肝郁、痰热、胃失和降进而导致心神不安两个方面。其病位在心，但与肝、胆、脾、胃、肾关系密切。虚证多由心脾两虚，心虚胆怯，阴虚火旺，引起心神失养所致。实证则多由心火炽盛，肝郁化火，痰热内扰，引起心神不安所致。但久病可表现为虚实兼夹，或为瘀血所致。中医辨证认为，不寐有3种证型，分别为肝火上炎、灼伤心阴型，心脾不足、气血双亏型，阴虚火旺、心肾不交型。

（1）肝火上炎、灼伤心阴型

患者平常脾气特别差，容易急躁发火，睡不着觉，总是做梦甚至整晚都睡不着，还会感觉头晕头胀，目赤耳鸣，口干而苦，便秘；舌红苔黄，脉弦而数。所谓脉弦，是形容摸脉的感觉就好像手指放在琴弦上一样，感到绷急紧张。

（2）心脾不足、气血双亏型

患者总是做梦，容易惊醒，心悸健忘，面白少华，吃饭吃得少，头晕目眩，浑身没有力气，舌质淡，苔薄白，脉细无力。

（3）阴虚火旺、心肾不交型

患者心烦睡不着，心慌害怕，腰酸脚软，还经常会有头晕，耳鸣，健忘，遗精，口干口渴，双手心、脚心和心胸发热，舌红少苔，脉细而数。

3. 用了一指禅，安然入睡梦香甜

中医治疗不寐历史悠久，效果显著，一指禅推法治疗不寐更能收到奇效。我们还是分3种证型来了解一指禅推法对于不寐的治疗。

（1）肝火上炎、灼伤心阴型：按揉内关、神门、三阴交、行间、心俞、风府穴，想象太阳照耀着自己。

内关穴：取穴时仰掌，微屈腕关节，从掌后第一横纹上3横指，当两条大筋之间即是本穴。内关穴是手厥阴心包经的常用腧穴之一，是心包经的络穴。不寐与心的关系密切，因此推揉内关穴对于不寐具有较好的疗效。

神门穴：位于手腕部，手掌侧横纹尺侧端，尺侧腕屈肌腱的桡侧凹陷处。尺侧指掌心向前手腕的内侧，外侧为桡侧。

三阴交穴：取穴时以手四指并拢，小指下边缘紧靠内踝尖上，食指上缘所在水平线在胫骨后缘的交点，即是本穴。三阴交穴是足太阴脾经腧穴，可治疗各种阴证。

行间穴：足背内侧，第一、二趾之间连接处之缝纹头即是本穴。

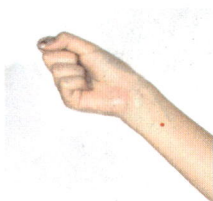
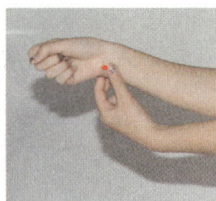
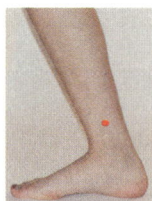
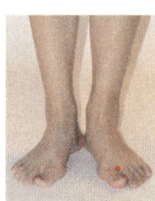

| 内关 | 神门 | 三阴交 | 行间 |

心俞穴：取穴时在人体的背部，由平双肩胛骨下角之椎骨（第7胸椎棘突）往上推两个椎骨即第5胸椎棘突下，双侧各旁开2横指（食、中指）处即是本穴。心俞穴是心气输注于腰背部的腧穴，一指禅推揉此穴可以激发心气。

风府穴：坐位，头伏案，后发际中央直上一横指处即是本穴。

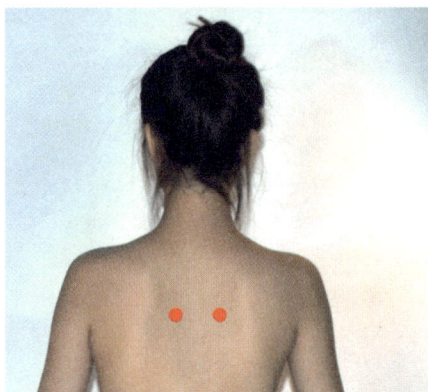
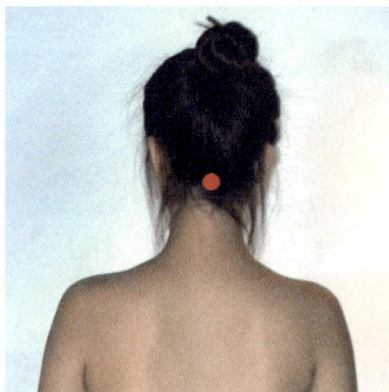

| 心俞 | 风府 |

（2）心脾不足、气血双亏型：按揉百会、风府、心俞、脾俞、足三里、神门、内关、三阴交穴，想象太阳照耀着自己。

这些都是临床常用的穴位，对于不寐的治疗大有裨益。心俞、风府、神门、三阴交穴的定位在前面已经给大家介绍过了，现在介绍百会、脾俞、足三里穴的定位。

百会穴：将两耳郭向前对折，由两个耳尖连线跨越头顶与头部前后正中线之交点即是本穴。百会穴主升提，可以升提气血。

百会

脾俞穴：与肚脐中相对应处即为第 2 腰椎，由第 2 腰椎往上摸 2 个椎体，即为第 11 胸椎，由其棘突下旁开 2 横指（约 1.5 寸）处即是本穴。脾俞穴是脾气汇聚于背部的腧穴，推揉此穴可以治疗脾虚证。

足三里穴：取穴时站位，用同侧手张开虎口围住髌骨上外缘，四指直指向下，中指尖的指处即是本穴。足三里穴是强壮保健的要穴，推揉此穴可以增强人的脾气。

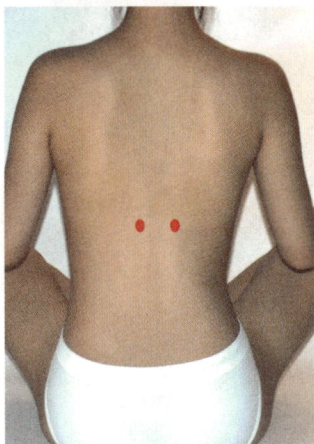

脾俞

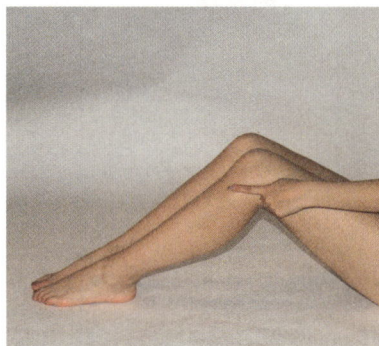

足三里

（3）阴虚火旺、心肾不交型：按揉百会（见前文）、神门（见前文）、照海、肾俞、内关（见前文）、三阴交（见前文）穴，想象太阳温暖着自己；按揉心俞（见前文）、申脉穴，想象自己沐浴在月光中。

照海穴：坐位，由内踝尖往下推，至其下缘凹陷处即是本穴。

肾俞穴：先取命门穴（直立，由肚脐中作线环绕身体一周，该线与后正中线之交点即是本穴），由命门穴旁开双侧各 2 横指（中、食指，约 1.5 寸）处，即是本穴。

申脉穴：足外踝尖直下，外踝下缘凹陷处即是本穴。心肾不交是因为心阴不足，肾阳偏亢，申脉通阳跷，通过按揉可行泻法。

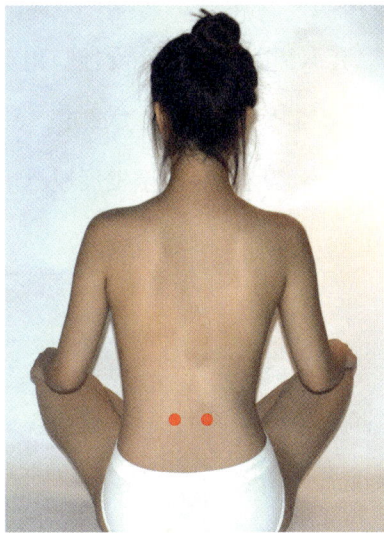

照海

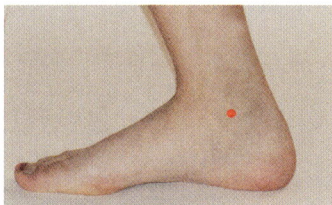

肾俞

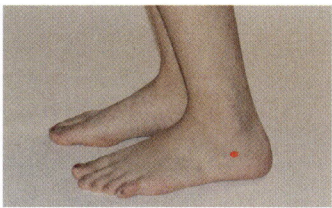

申脉

4.经典病案

我曾在门诊上遇到一个患者，女，59 岁。据患者描述，她平常脾气特别差，容易急躁发火，睡不着觉，甚至整晚都睡不着，即便入睡后也总是做梦，还会感觉头晕头胀，目赤耳鸣，口干而苦，便秘。我看了看她的舌象和脉象，舌红苔黄，脉弦而数。这与肝火上炎、灼伤心阴的证型十分吻合。嘱患者揉内关、神门、三阴交、行间、心俞、风府穴，想象太阳照耀着自己。心理疏导加上一指禅推法，两周以后患者症状明显好转。

更年期综合征

有些女性更年期没有任何感觉，悄无声息地就过去了，但是也有些女性症状非常明显，她们到了更年期，情绪容易激动、烦躁、易激动，失眠、头痛，注意力不集中，多言多语，大声哭闹。还有些女性则相反，容易抑郁、烦躁、焦虑，内心不安，甚至惊慌恐惧，记忆力减退，缺乏自信，行动迟缓，严重者对外界冷淡，丧失情绪反应，甚至发展成严重的抑郁性神经官能症。病来了，就当是在吃苦，只需及时调治。

1. 更年期不是绝经期

现实生活中有不少人认为，更年期就是指绝经期，其实这是含义完全不同的两个医学概念。下面我就给大家简单介绍一下二者的区别。更年期是指妇女从性腺功能衰退开始到功能完全丧失的一个转变时期；而绝经期则仅仅是指月经完全停止，绝经之前已存在卵巢逐步衰退的情况。据调查，这个阶段一般为2～4年，不同的人长短不一，称为绝经前期。绝经之后卵巢功能更为低下，但不一定立即完全消失，一般要经历2～3年，也有长达6～8年，甚至更长时间。所以，更年期是绝经前期、绝经期和绝经后期的总和。

2. 更年期的那些事

上面我们介绍了什么是更年期，现在再给大家介绍在这个特殊的阶段容易出现的问题。更年期综合征是指妇女到了49岁前后，卵巢功能逐渐衰退乃至完全消失，月经会因为卵巢功能的衰退而自然断绝。同时，由于生理和心理改变，部分妇女在绝经前后，会出现一系列与绝经相关的症状，比如烦躁易怒，精神抑郁，眩晕耳鸣，心悸失眠，潮热汗出；或食少便溏，倦怠乏力；或月经紊乱，情志不宁；等等。根据临床表现，本病属于中医学的"绝经前后诸证"的范畴。发病年龄多在45～55岁，证候往往因人而异，轻重不一；持续时间长短不一，短者一年半载，长者迁延数年。

3. 对更年期中医这样看

中医认为，天癸是人体肾中精气充盈到一定年龄阶段时产生的一种精微物质，它关系到人体的生长发育与生殖。女子绝经前后，肾气渐衰，冲任虚少，天癸将竭，阴阳失衡，脏腑气血失调，如果这时候衣服穿得单薄或者其他原因，一时间不能适应剧烈的变化，就会发病。本病临床虽然表现为心脾肝肾诸证，但以肾虚为病之根本，故治疗时应以顾肾为要，兼调脏腑阴阳。中医认为，任何事物都分为阴阳两个方面，人的肾也有肾阴和肾阳之分，因此本病既可能是肾阴虚造成的，也可能是肾阳虚造成的。临床辨证分型就分为两种：一是肾阴不足、心肝偏旺；二是肾阴阳两虚。

（1）肾阴不足、心肝偏旺型

之前我们说了，肾分肾阴、肾阳，肾阴不足就会导致虚热内生，心火偏亢，肝火上炎。这样就会出现腰膝酸软、两腿无力、眩晕耳鸣、失眠多梦的情况。妇女会出现经少经闭，或见崩漏，形体消瘦，潮热盗汗，五心烦热，咽干颧红。心火偏亢就会头晕、面红目赤、脾气暴躁、口干舌燥、口苦。肝火旺会导致女性月经紊乱，表现为经血量减少、经期延迟或者闭经等。

（2）肾阴阳两虚型

中医认为，万事万物都是由阴阳构成的，肾阴不足可以导致肾阳的亏虚，最终会造成肾阴阳两虚，这就是重症了。表现出来的症状有五心烦热，盗汗或自汗，四肢发凉，失眠多梦，舌红无苔或者舌淡脉沉迟。

4. 一指禅治疗更年期综合征有绝招

（1）肾阴不足、心肝偏旺型：按揉肾俞、命门、足三里穴，想象太阳温暖着自己；点按心俞、内关、太冲、风池穴，想象自己沐浴在月光中。

命门穴：直立，由肚脐中作线环绕身体一周，该线与后正中线之交点，即是本穴。命门为水火之宅，按揉此穴可以温肾阳，补元气。

肾俞穴：先取命门穴（见上面介绍），由命门穴旁开双侧各2横指（中、食指，约1.5寸）处，即是本穴。肾为先天之本，肾俞穴为肾气输注于背腰部的穴位，用这个穴位调理阴阳最合适不过。

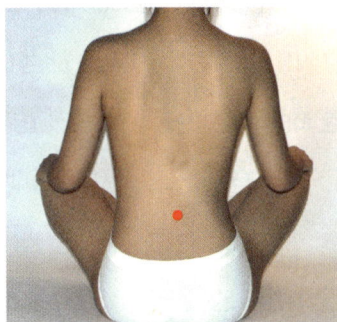

命门

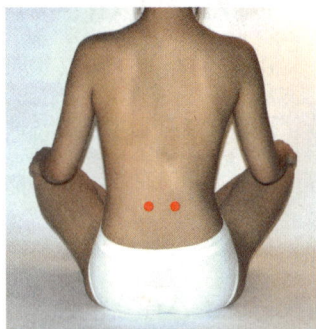

肾俞

足三里穴：取穴时站位，用同侧手张开虎口围住髌骨上外缘，四指直指向下，中指尖的指处即是本穴。足三里是强壮保健的要穴，按揉此穴可以增强人的抵抗力。

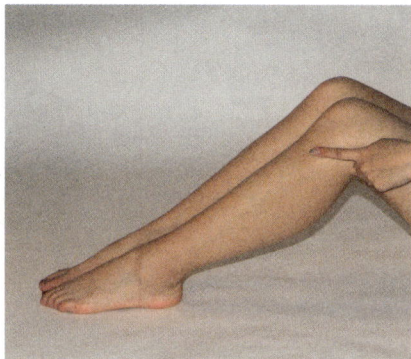

足三里

心俞穴：取穴时在人体的背部，由平双肩胛骨下角之椎骨（第7胸椎棘突）往上推两个椎骨，即第5胸椎棘突下，双侧各旁开2横指（食、中指）处，即是本穴。心俞穴是心气输注于腰背部的腧穴，以一指禅推揉此穴可以疏泄过盛的心火。

内关穴：取穴时仰掌，微屈腕关节，从掌后第一横纹上3横指，当两条大筋之间即是本穴。内关穴是手厥阴心包经的常用腧穴之一，是心包经的络穴，心包又与心表里，取内关穴散里脏即心经之火，表里同治。

太冲穴：位于足背，由第一、二足趾间凹陷处向足背上推，至其两骨联合前缘凹陷中（约趾缝纹头上2横指）处，即是本穴。太冲为肝经原穴，一指禅推揉此穴可以治疗肝火上炎。

风池穴：取俯伏坐位，两手拇指向后按在脖子上可以感觉到耳后乳突后方有两个凹陷，用力按有酸胀麻感处，即是本穴。

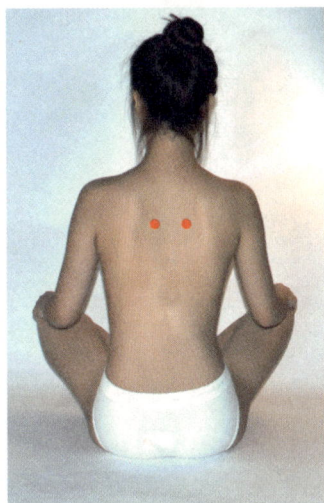

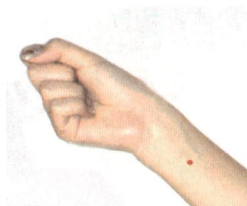

内关

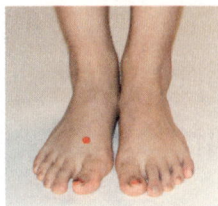

太冲

心俞

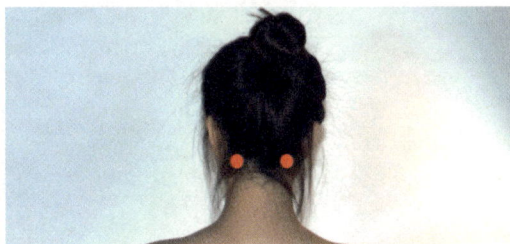

风池

（2）肾阴阳两虚型：用手指揉太溪、志室、三阴交穴，想象太阳温暖着自己；用手掌揉命门（见前文）、肾俞（见前文）、关元、中极穴，想象太阳温暖着自己。

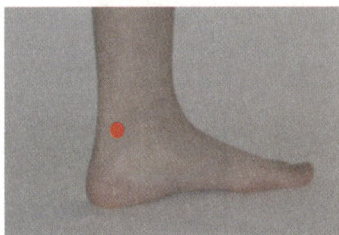

太溪

太溪穴：人体穴位之一，是足少阴原穴。其位于足内侧，内踝后方与脚跟骨筋腱之间的凹陷处，也就是在脚的内踝与跟腱之间的凹陷处。一指禅推揉此穴可以调补肾阴、肾阳。

志室穴：属于足太阳膀胱经。在腰部，当第2腰椎棘突下，旁开3寸。

三阴交穴：取穴时以手四指并拢，小指下边缘紧靠内踝尖上，食指上缘所在水平线与胫骨后缘的交点，即是本穴。三阴交穴是足太阴脾经腧穴，能够治疗妇科病。

中极穴：仰卧，前正中线延长至下腹部之耻骨联合处，由耻骨联合上一横指处，即是本穴。

关元穴：脐中直下4横指处，即是本穴。

中极、关元都是任脉穴，经常揉按可以调理冲任。

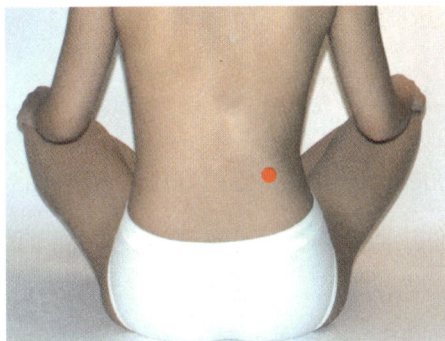

志室

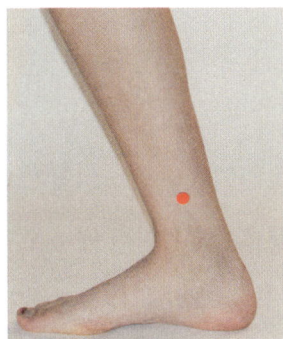

三阴交

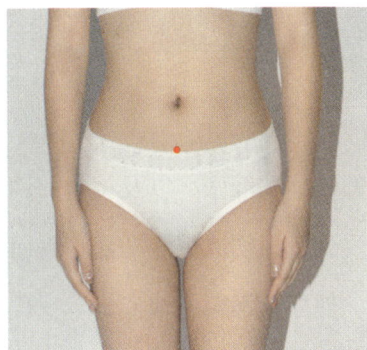

关元

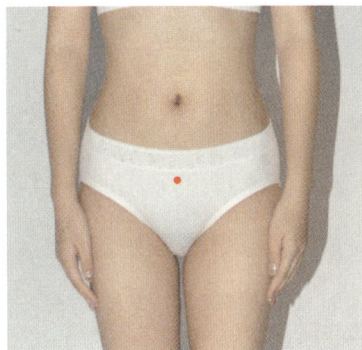

中极

5.经典病案

患者，女，56岁，在门诊上就一直非常焦虑，经询问，发现她平常脾气暴躁，爱生气，经常失眠多梦，自汗、盗汗。经辨证，认为此患者属于肾阴不足、心肝偏旺型。嘱咐患者揉肾俞、命门、足三里穴，想象太阳温暖着自己；点按心俞、内关、太冲、风池穴，想象自己沐浴在月光中。平时多出去散心，一个星期状况大有改善。

尿失禁

我们的人体是一台复杂而又精密的机器，器官就好比是人体这台机器的重要核心部件，任何一个零部件出问题都会导致机器运转失常，不能发挥作用。肾脏是机体重要的排泄废物的器官，代谢废物和毒素经过肾脏从尿液中排出体外。尿失禁是尿液的排出不受人的控制不自主地流出，影响人们的正常生活。

1. 尿失禁的元凶

尿液的正常排出是通过膀胱括约肌的收缩和舒张，以及神经的调节共同来完成的。尿失禁是由于膀胱括约肌受到了损伤或神经功能障碍而不能发挥其原有的作用而丧失排尿自控能力，使尿液不自主地流出。现代医学根据尿失禁的临床症状将其分为充溢性尿失禁、无阻力性尿失禁、反射性尿失禁、急迫性尿失禁及压力性尿失禁 5 类。

2. 尿道决口的大坝

尿失禁是一种不自主地经尿道漏出尿液的现象，给患者的生活带来极大的麻烦，而且这种症状能客观地得到证实。尿失禁不是一个独立的疾病，而是一组综合征，是由各种原因引起的不自主漏尿，是排尿障碍疾患的常见症状。尿失禁的发生，主要是由于在膀胱贮尿期，膀胱内压力超过了尿道阻力，尿液就会失去控制，膀胱就好比河流上的大坝，水库里面的水就好比膀胱里储存的尿液。到了夏季多雨季节，暴雨发生时，大量的雨水在短时间内迅速汇入水库，大坝承受的压力迅速增大，当压力增加到大坝不能承受的限度时，水就会从坝顶溢出，甚至会冲垮大坝。这和尿失禁的过程虽然并不完全相同，但道理是相通的。尿失禁可以发生于许多疾病，可以出现在各种年龄段，且男女都可发生。

3. 尿失禁的先天与后天因素

在中医来看，尿失禁归属于虚证的范畴。中医认为脾为后天之本，而肾为先天之本。尿失禁的发生主要关乎脾肾。脾虚不能运化水谷精微，肾虚不能温化水饮水湿，进而导致体内水液潴留，尿液决口而出。尿失禁的临床辨证分型也分为脾阳虚和肾阳虚。

（1）脾阳虚型

患者肚子胀，不想吃饭，吃饭吃得少，肚子隐隐作痛，一会儿轻一会儿重，用手掌按疼痛会减轻；怕冷，四肢不温，面色发白，没有神采；口中没有味道，也没有口渴的感觉；大便稀溏，不成形，粪便中甚至还会出现没有消化完的食物残渣；或者肢体浮肿，小便短少，女性还会有白带，清稀量多，舌质淡胖或有齿痕，舌苔白滑，脉沉迟无力。

（2）肾阳虚型

患者神疲乏力，精神不振，活力低下，容易疲劳；总是怕冷，四肢发凉，手凉、脚凉（严重的夏天也凉），身体发沉；腰膝酸痛，腰背冷痛；

小便滴沥不尽，尿少或夜尿频多；听力下降或耳鸣；记忆力减退，嗜睡，多梦，自汗。

由于生理结构的不同，女性还会出现宫冷不孕，白带清稀；气滞血瘀，导致冲任不通，月经失调或行而不畅，经常小腹胀痛；月经期延后、量少，色暗、有块，或痛经。

4. 一指禅有奇效

一指禅推法治疗尿失禁还是从先天与后天入手，辨证施治，调理阴阳，治病求本。

（1）脾阳虚型：揉膀胱俞、脾俞、三阴交穴，然后一掌揉中脘穴，一掌揉气海、关元穴。

膀胱俞穴：取俯卧位，先摸到髂后上棘内缘下，大致位于双手叉腰的位置，其与背脊正中线之间为第2骶后孔，平对着该孔的椎体为第2骶椎，从第2骶椎旁开2横指处，即是本穴。

脾俞穴：与肚脐中相对应处即为第2腰椎，由第2腰椎往上摸2个椎体，即为第11胸椎，由其棘突下旁开2横指（约1.5寸）处，即是本穴。脾俞为脾经背俞穴，按揉脾俞可以补脾脏之虚，增强人体正气。

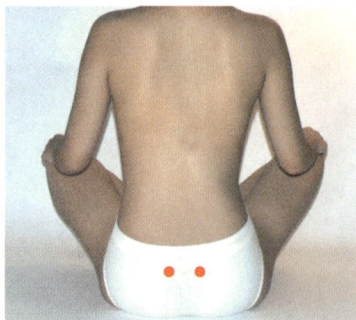

膀胱俞

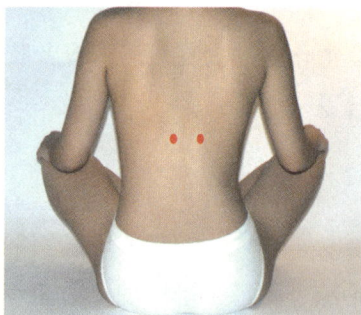

脾俞

三阴交穴：取穴时以手四指并拢，小指下边缘紧靠内踝尖上，食指上缘所在水平线在胫骨后缘的交点，即是本穴。三阴交穴是足太阴脾经腧穴，能够治疗妇科病。

中脘穴：取穴时可采用仰卧的姿势，该穴位于人体的上腹部，前正中线上，胸骨下端和肚脐连接线中点即为此穴。

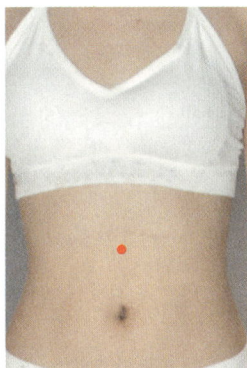

中脘

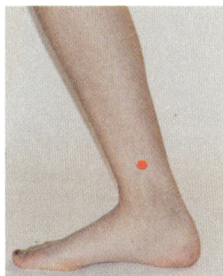

三阴交

气海穴：取穴时，可采用仰卧的姿势，该穴位于人体的下腹部，直线连接肚脐与耻骨上方，将其分为十等分，从肚脐往下 3/10 的位置，即为此穴。

关元穴：脐中直下四横指处即是本穴。

气海、关元都是任脉穴，以一指禅推揉可以调理阴阳。

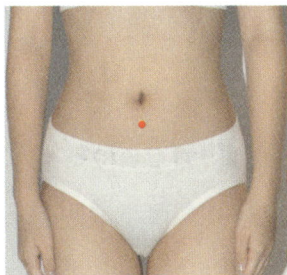

气海

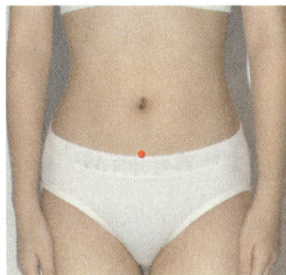

关元

（2）肾阳虚型：揉脾俞（见前文）、膀胱俞（见前文）、三阴交（见前文）、足三里、气海穴（见前文），然后一掌揉命门、肾俞穴，一掌揉长强、会阳穴。

足三里穴：取穴时站位，用同侧手张开虎口围住髌骨上外缘，四指直

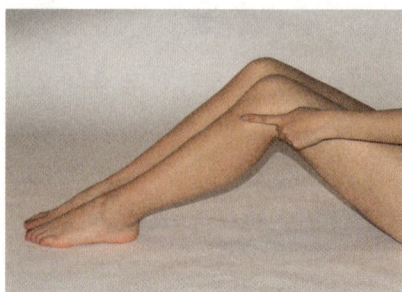

足三里

指向下，中指尖的指处即是本穴。足三里是强壮保健的要穴，按揉可以增强人的脾气。

命门穴：直立，由肚脐中作线环绕身体一周，该线与后正中线之交点即是本穴。命门为"水火之宅"，按揉可以温肾阳，壮肾火。

肾俞穴：先取命门穴（见上面介绍），由命门穴旁开双侧各2横指（中、食指，约1.5寸）处，即是本穴。肾俞是肾气输注于背腰部的俞穴，按揉可以补肾阳。

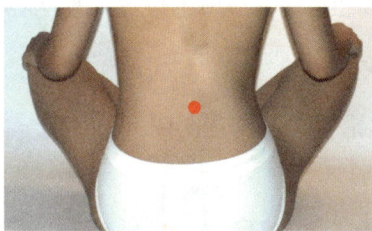

命门

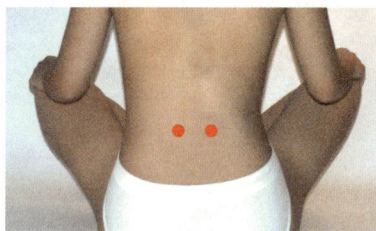

肾俞

长强穴：俯卧，臀部掀起，尾骨尖与肛门的中央即是本穴。

会阳穴：在骶部，取俯卧位或跪伏位，在尾骨下端两旁，取尾骨端旁开0.5寸。

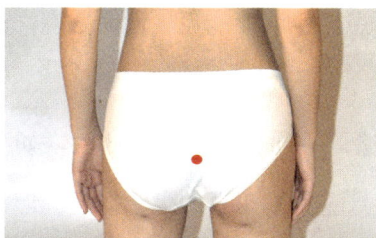

长强

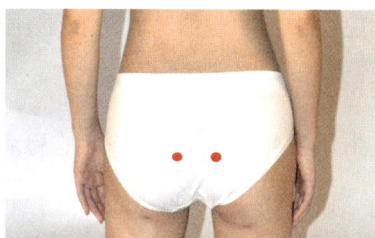

会阳

5. 经典病案

我曾在门诊上诊治一个病例，患者，男性，76岁，小便多而且总是不受控制地流出，四肢发凉，怕冷，甚至夏天还怕冷；总是感觉腰膝酸软，腰背冷痛；还有听力下降、记忆力减退、嗜睡、多梦、自汗等症状。这与尿失禁的肾阳虚证型基本符合。嘱患者家人揉脾俞、膀胱俞、三阴交、足三里、气海穴；一掌揉命门、肾俞穴，一掌揉长强、会阳穴。再嘱咐患者平时多运动，患者坚持两个月症状消失。

中风后遗症

1. 中风后遗症的危害

《黄帝内经》记载："血之与气，并走于上，则为大厥，厥则暴死，气复反则生，不反则死。"中风是气血上冲而导致的，以猝然昏仆，不省人事，伴口眼喎斜、半身不遂、语言不利，或不经昏仆而仅以口眼喎斜、半身不遂为主症的一种疾病，属现代医学之脑血管意外范畴。

因大脑中枢主导着全身功能，一旦发生病变，重则致命，轻则影响身体功能。中风的可怕之处还在于，即便患者经治疗能免除性命之虞，却还可能留下后遗症。

中风发生以后，约75%的患者将遗留不同程度的肢体残疾，如半身不遂、口眼㖞斜、言语障碍等后遗症，严重影响患者的生活质量，应该引起充分的重视。

不过患者也不用过度担忧，中风后遗症可以通过有计划的人为干预进行改善。一指禅指法可以帮助患者逐步恢复身体各项功能，最大限度地提高生存质量。

2. 一指禅治疗中风后遗症

（1）口眼㖞斜：揉颊车、阳白、四白、合谷、内庭、太冲穴，想象太阳照耀着自己。

颊车穴：取穴时由下颌角向前上方摸有一凹陷，用手掐切有酸胀感，上下牙咬紧时局部有一肌肉隆起处，即是本穴。

阳白穴：取穴时病人要平视前方，眉毛的中点往上一横指处即是本穴。

四白穴：把拇指横放在眼下，拇指关节横纹垂直正对瞳孔，横纹上端在眼眶下缘中点，横纹下端就是本穴。

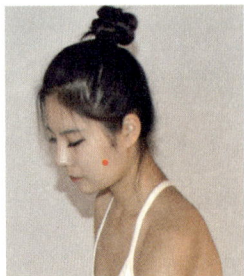  

颊车　　　　　　　　阳白　　　　　　　　四白

合谷穴：取穴时，拇、食指张开，使虎口拉紧，另一手的拇指关节横纹压在虎口上，拇指关节向前弯曲压在对侧的拇、食指指蹼上，拇指尖所指处即是本穴。

内庭穴：在人的足背上，就在第二脚趾和第三脚趾缝，往上数半横指即是本穴。

太冲穴：也在人的足背上，在第一脚趾和第二脚趾缝，往上数两横指即是本穴。

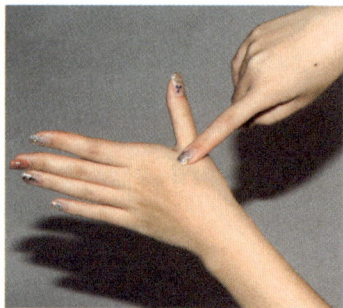 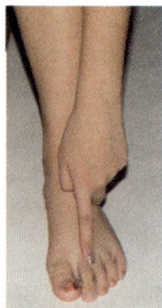 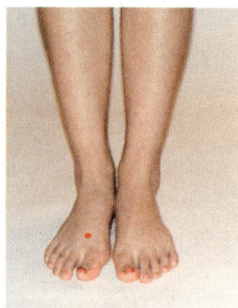

合谷　　　　　　　　　内庭　　　　　　　太冲

颊车、四白、阳白穴靠近人的口眼，对于口眼㖞斜具有近治作用。合谷穴位于手阳明大肠经上，《灵枢·经脉》记载：手阳明大肠经"起于大指次指之端，循指上廉，出合谷两骨之间……贯颊，入下齿中，还出挟口，交人中，左之右，右之左，上挟鼻孔"。所以，揉合谷穴也可以矫正口歪。内庭、太冲穴所在的经脉，对面部也都具有一定的治疗作用。中风后遗症多数是由气血不通所致，因此不论口眼㖞斜、半身不遂还是舌强不语，揉上述穴位，都要想象自己沐浴在阳光中，促进气血运行。

（2）半身不遂：揉曲池、合谷（见前文）、环跳、阳陵泉、悬钟穴，想象太阳照耀着自己。若上肢偏重，加肩井、外关、少海、中渚穴；若下肢偏重，加风市、足三里、三阴交、昆仑穴。

曲池穴：取穴时手掌向上，微屈肘，肘横纹外侧头与肘关节桡侧高骨（肱骨外上髁）的中点，即是本穴。

环跳穴：取穴时让患者侧卧位，腿伸直。右手拇指呈90°，食指伸直，其余手指屈曲，以右手拇指关节抵患者尾骨下，食指指向股骨头的大转子最高点，食指指尖所到达处即是本穴。

阳陵泉穴：取穴时坐位，屈膝呈90°，膝关节外下方，腓骨小头前缘与下缘交叉处有一凹陷，即是本穴。

悬钟穴：由外踝尖直上量四横指，当腓骨前缘处即是本穴。

曲池穴具有调和气血的作用，常用一指禅点按，可以行气活血；合谷、环跳、阳陵泉穴主上下肢的动作；按揉悬钟穴可以化解体内之痰，有助于气血的输布。

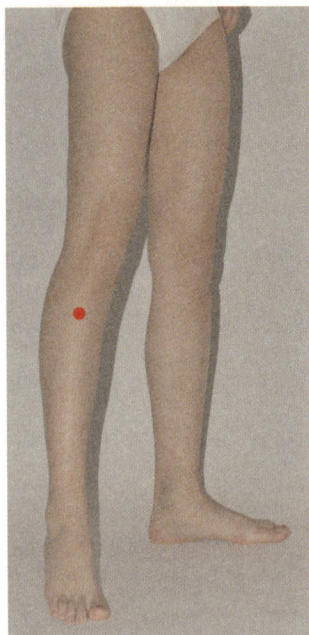

曲池

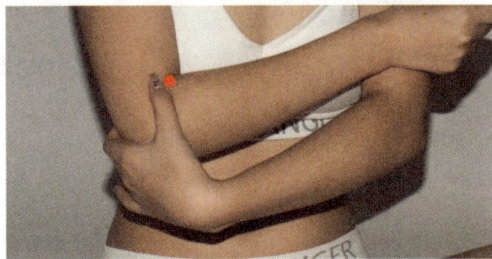

阳陵泉

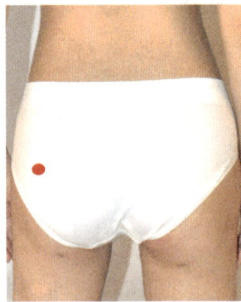

环跳

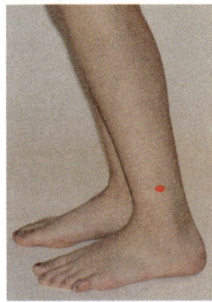

悬钟

肩井穴：在大椎穴与肩膀最靠上、最靠外的地方连线的中点，即是本穴。

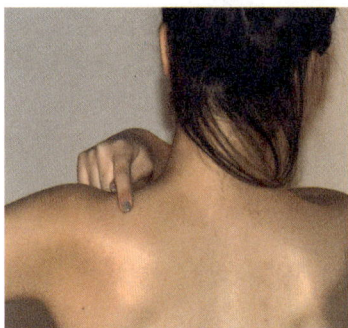 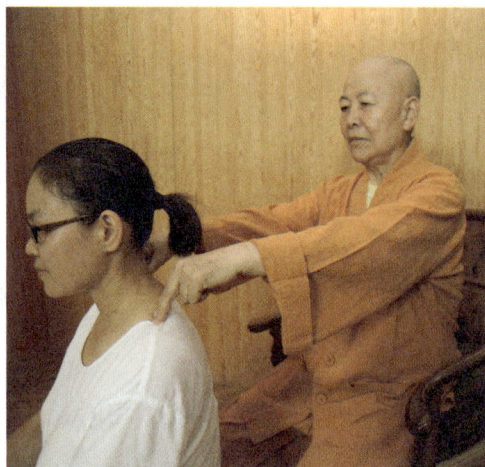

肩井　　　　　　　　　　　　点揉肩井穴

外关穴：取穴时立掌腕背横纹中点直上3横指，前臂两骨头之间处即是本穴。

少海穴：取穴时仰掌伸臂，肘稍屈，肘关节纹头内侧与肘关节内侧突起高骨（肱骨内上髁）间之凹陷处，即是本穴。

中渚穴：握拳俯掌，在手背第4、5掌骨头之间掌指关节后方凹陷处即是本穴。

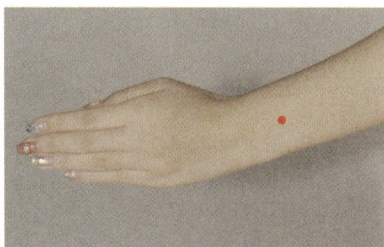

外关

少海

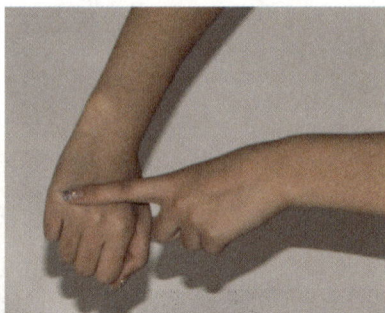

中渚

风市穴：取穴时直立，两肩水平，两手下垂，大腿外侧正中线上，当中指尖端所到之处即是本穴。

足三里穴：取穴时站位，用同侧手张开虎口围住髌骨上外缘，四指直指向下，中指尖的指处即是本穴。足三里是强壮保健的要穴，按揉此穴可以增强人的脾气，化痰湿。

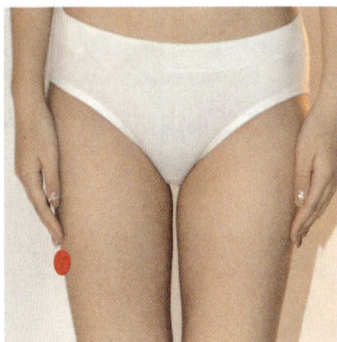

风市

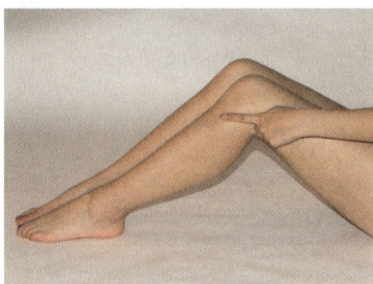

足三里

三阴交穴：取穴时以手四指并拢，小指下边缘紧靠内踝尖上，食指上缘所在水平线在胫骨后缘的交点，即是本穴。三阴交穴是足太阴脾经腧穴，按揉此穴能健脾和胃，有助于祛除痰湿。

昆仑穴：位于外踝尖水平线与跟腱外侧的交点，对外踝尖与该交点间的中点，即是本穴。

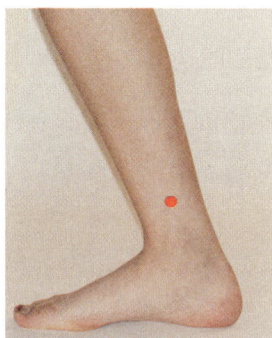
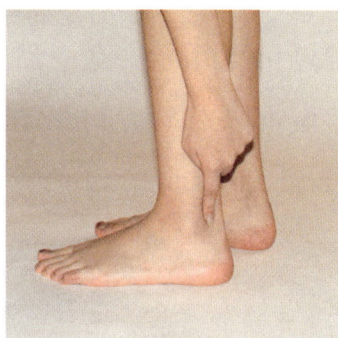

三阴交　　　　　　　　　　　　昆仑

（3）舌强不语：揉哑门、廉泉、通里、涌泉穴，想象太阳照耀着自己。

哑门穴：坐位，头伏案，后发际中央往上五分（大约一个小指横指大小）处即是本穴。

廉泉穴：医生把拇指关节横纹放在病人下颌骨中点，拇指尖正指向喉结部，当拇指尖到达之处即是本穴。

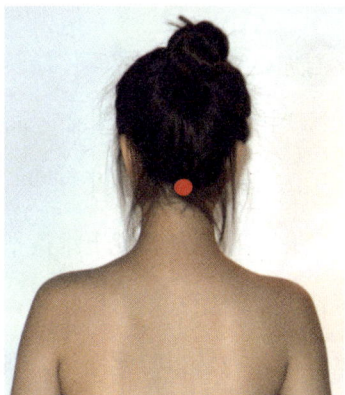
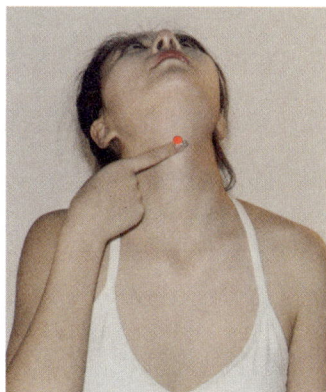

哑门　　　　　　　　　　　　　廉泉

通里穴：在小臂手掌侧的内缘，腕横纹上 1 寸处即是本穴。

涌泉穴：取穴时仰卧或俯卧位，5 个足趾屈曲，屈足掌，当足底掌心前面（约足底中线前 1/3 处）正中之凹陷处，即是本穴。

哑门、廉泉穴是针灸常用于治疗舌强不语的穴位，人的语言功能主要靠心肾来维持，所以选取心经上的通里穴与肾经上的涌泉穴。

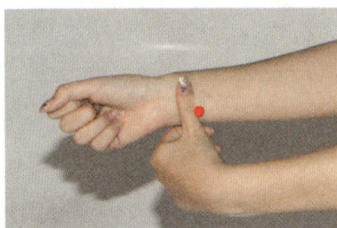

通里　　　　　　　　　　涌泉

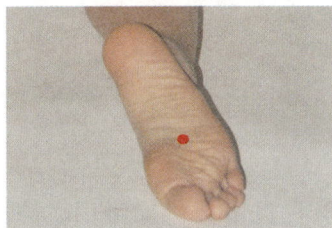

眩晕

1. 眩晕的危害和分型

想必大家都体验过眩晕的感觉吧，当你朝着一个方向不停地转时就会感到天旋地转，摇摇晃晃，失去平衡，不由自主地倒向一个方向。偶尔尝试一下"晕"的感觉，倒没什么，不用怎么治，稍微等几分钟，就会自愈，因为人的大脑能够自主适应内耳的变化，在一定程度上维持平衡。但是如果只是一个翻身、转头动作，甚至什么都没做，就出现眩晕，睁开眼睛看见周围的物体在旋转，闭眼时感觉身体还在转；与此同时，你可能还会出现恶心、呕吐、眼球震颤、头疼、出汗等症状。这些症状可能持续几分钟、几小时、几天甚至更长时间。这就比较严重了，需要治疗。

根据多年的临床经验，我将眩晕分为肝风型、痰湿型、气血两虚型和肾虚型4种证型。《黄帝内经》认为："诸风掉眩，皆属于肝。"这句话指出了眩晕与肝风的密切关系。

情志内伤，素体阳盛，加之恼怒过度，肝阳上亢，阳升风动，发为眩晕，这样的病人情绪抑郁，容易激动。《丹溪心法·头眩》云："头眩，痰，挟气虚并火。治痰为主，挟补气药及降火药。无痰则不作眩，痰因火动。又有湿痰者，有火痰者。"

饮食不节，损伤脾胃，健运失司，以致水谷不化精微，聚湿生痰，痰湿中阻，浊阴不降，引起眩晕，这样的患者往往形体较胖，舌头伸出来，可以看到舌体胖大，边有齿痕。

张景岳认为："无虚不作眩。"虚证眩晕又分气血两虚型和肾虚型两种证型。气血两虚的患者，气短懒言、面色无华；而肾虚的患者则容易腰膝酸软。

2. 一指禅治疗眩晕

（1）肝风型：揉风池、肝俞、肾俞、足三里、三阴交、涌泉穴，想象太阳照耀着自己；点按百会、太冲穴，想象自己沐浴在月光中；推前额，揉按太阳、印堂穴。

风池穴：人的头和脖子交界的地方，两个侧后方各有一个凹陷，用力按有酸胀麻感处，即是本穴。风池穴、太

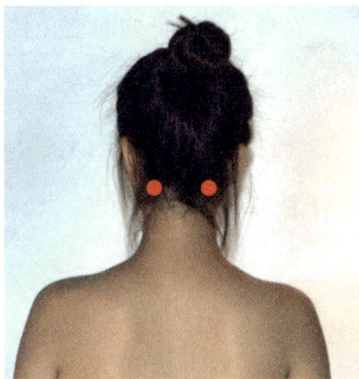

风池

阳穴与印堂穴靠近头部，对于眩晕有近治作用。

太阳穴：取眉梢与外眼角之间的骨凹陷处向后外旁开一横指处，即是本穴。

印堂穴：取穴时坐位或仰卧位，两眉头连线之中点即是本穴。

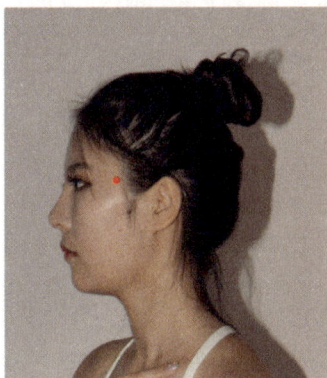

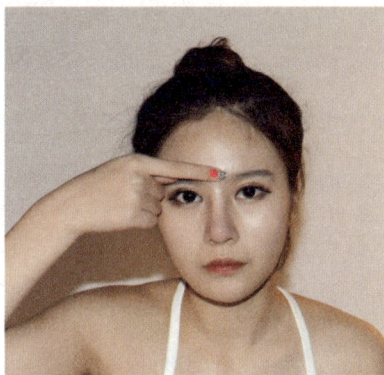

太阳　　　　　　　　　　　　印堂

肝俞穴：取穴时应站立，由第 7 胸椎再向下摸两个椎体，即第九胸椎棘突下旁开二横指（约 1.5 寸）处，即是本穴。肝俞是肝气输注于背部的穴位，揉此穴可以疏散肝气。

肾俞穴：取此穴时要先找到命门穴。取命门穴时直立，由肚脐中作线环绕身体一周，该线与后正中线之交点即是本穴。由命门穴旁开双侧各 2 横指（中指和食指，约 1.5 寸）处，即是本穴。中医讲求肝肾同源，这里取肾俞穴就是这个目的。

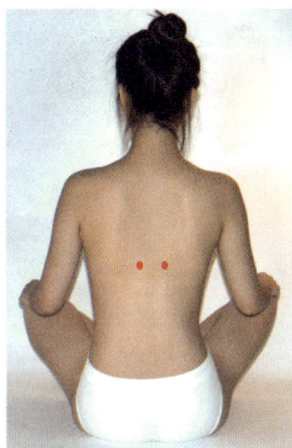
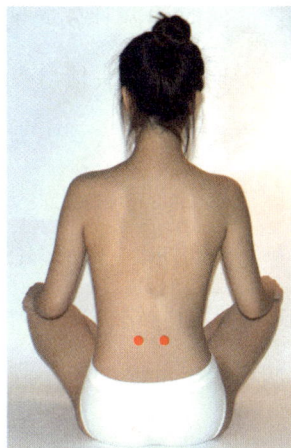

肝俞　　　　　　　　　　肾俞

足三里穴：取穴时站位，用同侧手张开虎口围住髌骨上外缘，四指直指向下，中指尖的指处即是本穴。

三阴交：取穴时以手四指并拢，小指下边缘紧靠内踝尖上，食指上缘所在水平线在胫骨后缘的交点，即是本穴。足三里与三阴交穴，可以调脾胃气机，是一身之气机升降的枢纽。同时，具有化痰湿的作用，对于痰湿型眩晕也有效果。

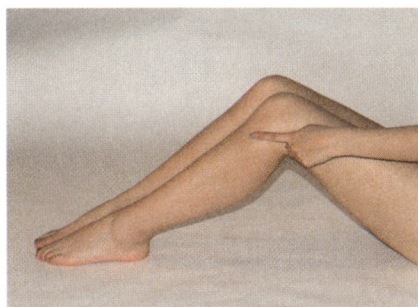
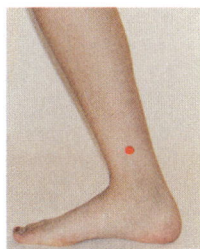

足三里　　　　　　　　　三阴交

百会穴：取穴时将两耳郭向前对折，由两个耳尖连线跨越头顶与头部前后正中线之交点即是本穴。头为诸阳之会，百脉之宗，而百会穴为各经脉气会聚之处，穴性属阳，又于阳中寓阴，故能通达阴阳脉络，连贯周身经穴，对于调节机体的阴阳平衡起着重要的作用。

百会

涌泉穴：取穴时仰卧或俯卧位，5 个足趾屈曲，屈足掌，当足底掌心前面（约足底中线前 1/3 处）正中之凹陷处即是本穴。涌泉与百会穴相配，可以抑制人体的阳气。

太冲穴：位于足背上，由第一、二趾间缝纹头向足背上推，至其两骨联合前缘凹陷中（约趾缝纹头上 2 横指）处，即是本穴。太冲穴位于肝经，是调肝气的重要腧穴。

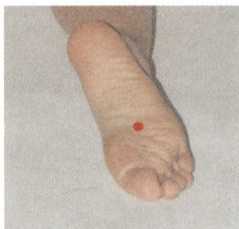

涌泉

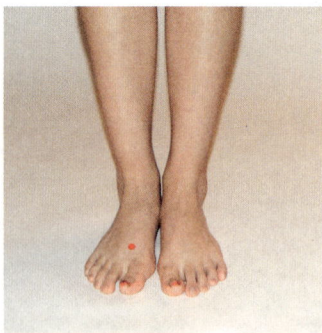

太冲

（2）痰湿型：按揉脾俞、丰隆、中脘、足三里（见前文）、三阴交（见前文）、内关穴，想象太阳照耀着自己；点头维穴，想象自己沐浴在月光中。

脾俞穴：取穴时由肾俞穴往上摸3个椎体的距离，即第11胸椎棘突下旁开2横指，即是本穴。

丰隆穴：在外膝眼（犊鼻）穴与外踝前缘平外踝尖处连线的中点，距胫骨前嵴约2横指处即是本穴。

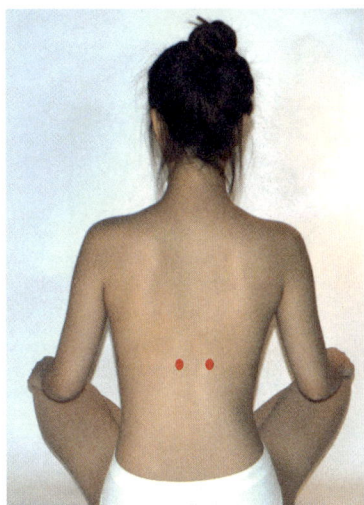

脾俞

丰隆

中脘穴：在脐中央与胸骨体下缘两点之中央（脐上4寸）即是本穴。按揉中脘穴可以健脾除湿。

内关穴：取穴时仰掌，微曲腕关节，从掌后第一横纹上三横指，两条大筋之间即是本穴。

头维穴：鬓角前缘向上直线与前发际交点上5分（约半横指）处，即是本穴。

脾俞、丰隆、中脘、足三里、三阴交穴都是化痰湿的要穴，按揉时想象太阳照耀着自己，可以促进痰湿的运化。头维穴是足阳明胃经与足少阳胆经、阳维脉之交会穴，按揉此穴不仅可以化痰湿，还可以调节人体的阳气。

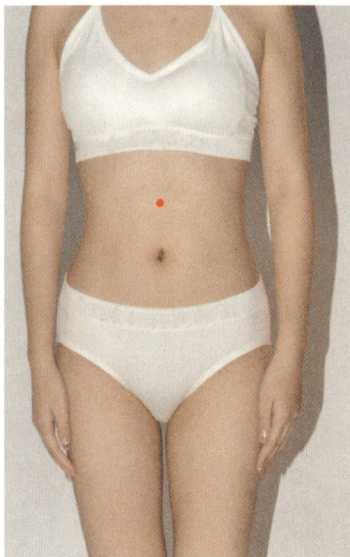

中脘

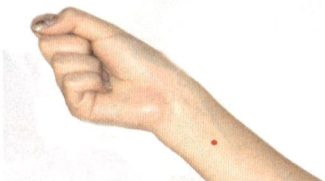

内关

头维

（3）气血两虚型：按揉肝俞（见前文）、脾俞（见前文）、神门、足三里（见前文）、中脘穴（见前文），想象太阳照耀着自己；然后一掌对百会穴（见前文），一掌对气海、关元穴揉。

神门穴：仰掌屈肘，手掌小鱼际上角有一突起圆骨，其后缘向上可扪及一条大筋，这一大筋外侧缘（桡侧缘）与掌后腕横纹的交点即是本穴。

气海穴：在肚脐直下两横指（约1.5寸）处即是本穴。

关元穴：在肚脐直下四横指（约3

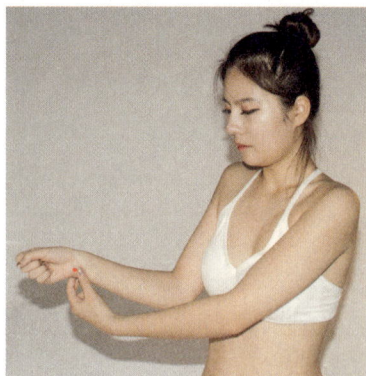

神门

寸）处即是本穴。

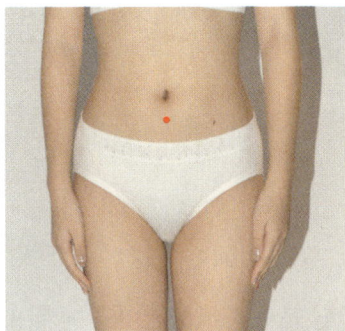 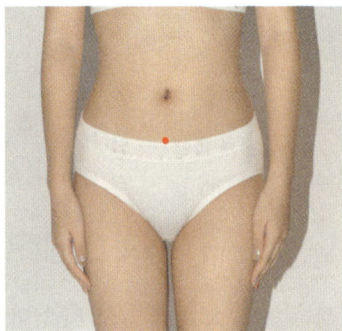

气海　　　　　　　　　　　　　关元

脾胃为气血生化之源，按揉脾俞、足三里、中脘穴，可以促进气血的生成。按揉肝俞、百会、气海、关元穴，可以补充和调理人体的气机。

（4）肾虚型：按揉肾俞（见前文）、风池（见前文）、百会（见前文）、志室、气海（见前文）、涌泉穴（见前文），想象太阳照耀着自己；双掌揉命门（见前文）、关元穴（见前文）。

志室穴：在命门穴旁开4横指（约3寸）即是本穴，是补肾的要穴。

3. 经典病案

我之前曾诊治一患者，男性，57岁，自诉感觉肾虚，总是腰疼。我又仔细问了他，他说自己经常头晕、拉肚子、下肢无力。我辨证为肾虚型，就让他按照上面的方法，回去坚持一个月。再见到他时，跟换了个人似的，整个人自信了不少，眩晕的感觉也消失了。

癫痫

1. 癫痫的症状和原因

倒地昏迷、四肢抽搐、口吐白沫、双眼上翻……这些"吓人"的情形，正是癫痫"大发作"的典型症状。这是一类极为严重、危险的癫痫，能让人失去意识，并在恢复后的长时间里陷入混乱状态。

癫痫，俗称羊痫、羊角风等，是一种神经系统疾病，通常是脑部病变造成的脑细胞突然异常地过度放电而引发的脑功能失调。因异常放电的涉及部位和扩散范围不同，该病可引起运动、感觉、意识和自主神经等不同形式和程度的功能障碍。

我的恩师上德下禅老和尚治疗癫痫非常了得。由于癫痫发作起来非常吓人，所以我的印象非常深刻。记得我幼时跟随德禅老师学医，遇到一位 30 多岁的女性癫痫患者，德禅老师将一只手大拇指压在该女性患者的内关穴上，然后眼睛盯着她，嘴里念动佛经，过了一会儿，女性患者平静了。而后老师嘱咐患者家人将她平放在治疗床上，对其进行一指禅点穴治疗，效果甚佳。因此，我后来对治疗癫痫亦颇有心得。

中医认为痫病是由各种因素，使脏腑受伤、神机受损、元神失控所导致的。致病因素不外乎虚实两个方面。实证主要是由于饮食失调，脾气素虚则痰浊内聚，痰随气升，上冲于元神之府或蒙蔽心窍均可使神明丧失，久则化热，形成肝火痰热型。虚证主要是由于脾胃虚弱或者肝肾阴虚，导致精血不能随气上承，心神及元神之府失养而导致神明不用，神机失灵。

　　肝风痰浊型者发病前多有眩晕、胸闷、乏力、痰多、心情不悦的表现；肝火痰热型的患者急躁易怒，容易心烦失眠，咯痰不爽，口苦咽干，便秘溲黄，查看舌象，舌尖和舌边发红；肝肾阴虚型的患者，神思恍惚，面色晦暗，头晕目眩，两目干涩，耳轮焦枯不泽，腰膝酸软，大便干燥；脾胃虚弱型的患者容易神疲乏力，面色苍白，体瘦，纳呆，大便溏薄。

　　如果见患者处于癫痫的发作期，可以立即采用十宣放血的疗法，即用三棱针刺病人的 10 个指头尖，放血可以缓解发作期的症状。一指禅指法，主要适用于癫痫休止期的调护，可以减少癫痫发作的频率。癫痫的发作，主要是因虚或有实邪阻滞，导致气血不通，清窍失养。所以都需要拍打全身至发热来活血行气。

2. 一指禅治疗癫痫

　　（1）肝风痰浊型：揉心俞、间使、鸠尾穴，想象太阳照耀着自己；揉脾俞、丰隆穴，想象自己沐浴在月光中；然后拍打全身至发热。

　　心俞穴：由平双肩胛骨下角之椎骨（第 7 胸椎）往上推两个椎骨即第 5 胸椎棘突下，双侧各旁开 2 横指（食、中指）处即是本穴。

　　间使穴：取穴时仰掌，微屈腕关节，从掌后第一横纹上 4 横指，当两条大筋之间即是本穴。

　　鸠尾穴：由胸骨体下缘往下 1 横指处，即是本穴。

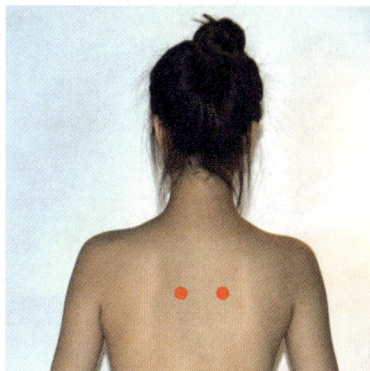

心俞

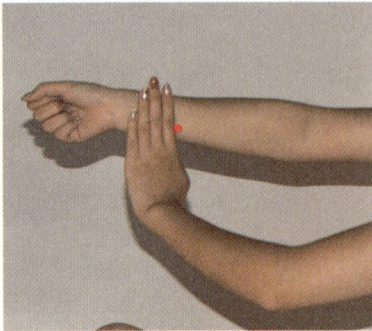

间使

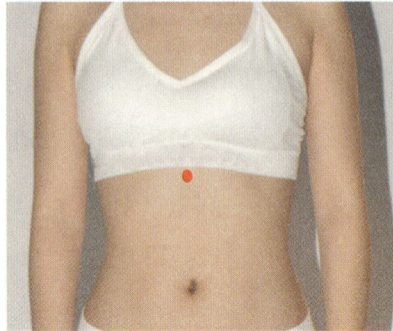

鸠尾

脾俞穴：与肚脐中相对应处，即为第二腰椎，由第二腰椎往上摸3个椎体，即为第11胸椎，由其棘突下旁开2横指（约1.5寸）处，即是本穴。

丰隆穴：外膝眼（犊鼻）穴与外踝前缘平外踝尖处连线的中点，距胫骨前嵴约2横指处，即是本穴。

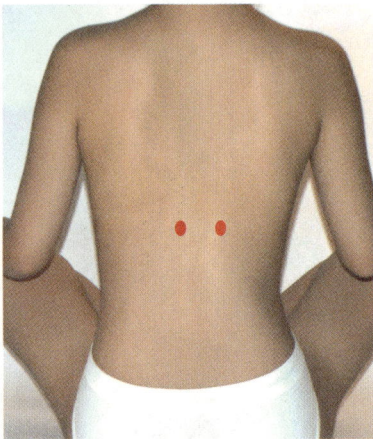

脾俞

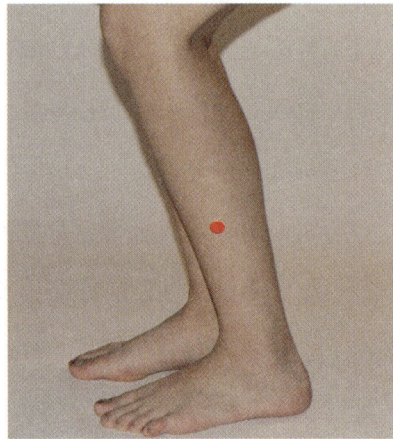

丰隆

肝风痰浊型癫痫的致病因素中，既有风，又有痰。风为阳，痰为阴。故散风者用阳，想象太阳照耀着自己。祛痰者用阴，想象自己沐浴在月光中。用心俞、间使、鸠尾穴来调肝气，散肝风。然后揉脾俞、丰隆穴来祛痰。

（2）肝火痰热型：按揉腰奇、丰隆（见前文）、肝俞穴，想象自己沐浴在月光中；按揉脾俞（见前文）、神门、心俞穴（见前文），想象太阳照耀着自己；拍打全身至发热。

腰奇穴：位于骶部，当尾骨端直上 2 寸，骶角之间凹陷中。

肝俞穴：取穴时人直立或俯卧位，由第 7 胸椎再向下摸两个椎体，即第 9 胸椎棘突下旁开 2 横指（约 1.5 寸）处，即是本穴。

神门穴：仰掌屈肘，手掌小鱼际上角有一突起圆骨，其后缘向上可扪及一条大筋，这一大筋外侧缘（桡侧缘）与掌后腕横纹的交点，即是本穴。

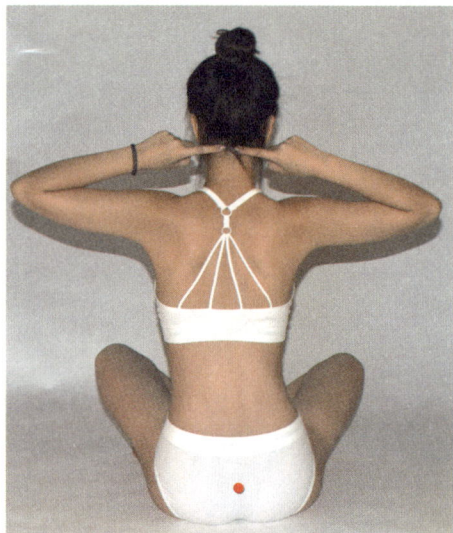

腰奇

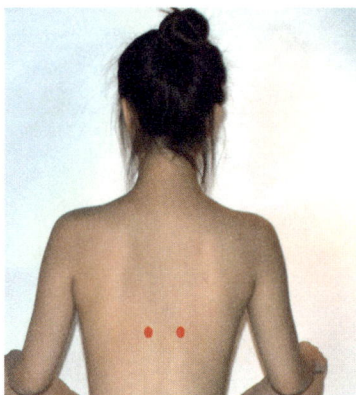

肝俞

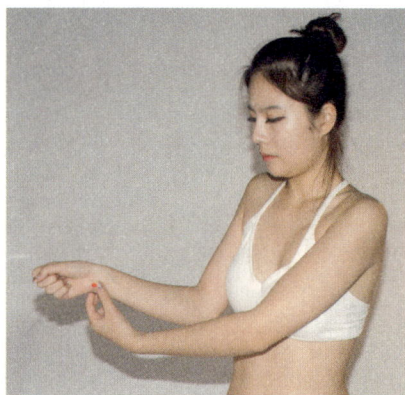

神门

痰火犯肝，当按揉腰奇、丰隆、肝俞穴，在按揉的过程中想象自己沐浴在月光中，以驱散痰热。又配合按揉脾俞、神门、心俞穴来调节心脾，促进气血的生成和运化。

（3）肝肾阴虚型：揉心俞、脾俞、肝俞、丰隆、鸠尾、腰奇穴（均见前文），想象太阳照耀着自己；一掌对肾俞和命门穴，另一掌对中极和关元穴进行掌按；拍打全身至发热。

肾俞穴：取穴时要先找到命门穴。取命门穴时直立，由肚脐中作线环绕身体一周，该线与后正中线之交点即是本穴。由命门穴旁开双侧各2横指（中指和食指，约1.5寸）处，即是本穴。

关元穴：在肚脐直下4横指（约3寸）处即是本穴。

中极穴：取穴时人仰卧，前正中线延长至下腹部之耻骨联合处，由耻骨联合上一横指处即是本穴。

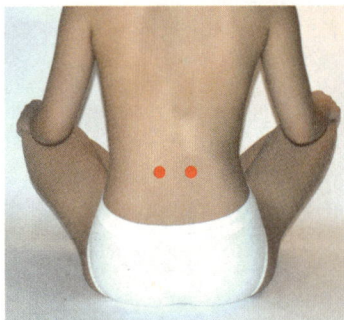

肾俞

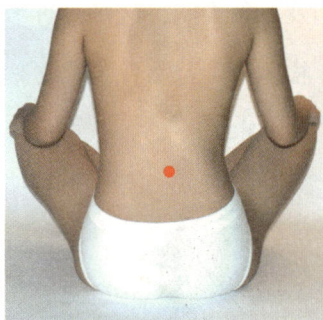

命门

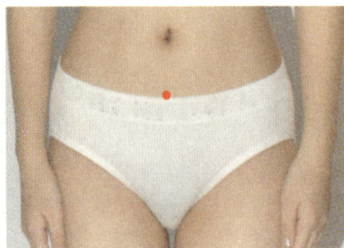

关元

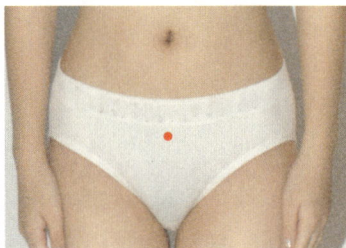

中极

肝肾阴虚者，当按揉心俞、肝俞、肾俞、命门穴来补肝肾，同时配合中极与关元穴，急补人体的气机。

（4）脾胃虚弱型：揉脾俞、心俞、肝俞、丰隆、鸠尾、神门、腰奇穴（均见前文），想象太阳照耀着自己；用手掌揉中脘穴；拍打全身至发热。

中脘穴：在脐中央与胸骨体下缘两点之中央（脐上4寸）处，即是本穴。

中医讲，脾胃是后天之本，脾胃虚弱，容易导致气血生化乏源，按揉脾俞、心俞、肝俞、中脘穴可以补人体之气血。按揉鸠尾、腰奇穴可以升提下焦之气。脾胃虚弱的人，就容易形成痰湿，按揉丰隆穴可以化体内之痰。

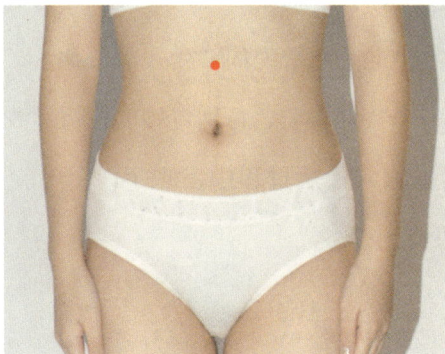

中脘

3. 经典病案

我曾诊治过一个癫痫患者，男性，30岁。他每年都会发作三四次，还因为癫痫娶不到媳妇，非常苦恼。患者就诊时很急躁，也很冲动，他说整夜都睡不着。我给他辨证为肝火痰热型，让他每天按揉腰奇、丰隆、肝俞穴，想象自己沐浴在月光中；然后按揉脾俞、神门、心俞穴，想象太阳照耀着自己；最后拍打全身至发热。患者回家后按揉了3个月，突然又发作了，再次就诊。我又诊治一遍，认为没有辨错证，就让他回家继续按揉，癫痫这个病很顽固，至少要坚持一年以上。过了两年，此患者基本不再发作。

我的4个经验穴——心脏点、结核点、通便点、血压点

作为一名中医师，对十二经脉的循行应当了如指掌，对全身穴位也应烂熟于心。人体周身有单穴、双穴、经外奇穴，还有些是要害穴，甚至有些是致命穴，也就是咱老百姓常说的"死穴"。

但是，人体是一个特别复杂、特别奇妙的构造，我以前在医院当中医师的时候，用一指禅点穴治病过程中发现了4个经验穴，也是"经外奇穴"，独穴治病效果特别好。

1. 心脏点

心脏点位于上臂，取穴的时候，胳膊用力，会看到肱二头肌隆起，在肌肉的外侧，肘横纹上3寸，就是这个穴位。平时有心慌、心悸的患者可以经常以一指禅按揉。

我在佛光寺遇到一位居士，四十多岁，他说自己有心脏病，间断心悸

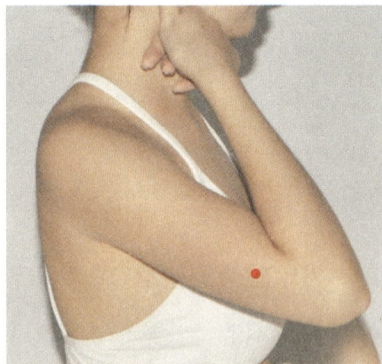

心脏点

两年，时伴有胸闷气短，多于夜间发作，起床活动后可缓解。我就站在他跟前，在给他点按心脏点的同时还讲了讲这个穴位。后来，这位居士夜间休息时上述症状再发，且伴有胸闷、恶汗。他想起这个奇穴，让妻子帮忙按压左臂 10 分钟，症状缓解。后来，他到寺院致谢，我叮嘱他，回去上医院坚持看病、系统治疗，别不拿自己的生命开玩笑。同时，还要经常按揉此穴。后他回复心悸次数明显变少，夜间心慌亦不复存在。

2. 结核点

要找结核点，必须先找到大椎穴，取穴时坐位低头，项后上背部脊柱最上方突起之椎骨（第 7 颈椎），其下缘凹陷处即是本穴。特点是突起椎骨用手按住时能感觉到随颈部左右摇头而不活动者，即是第 7 颈椎。在大椎穴旁开 2.5 寸（我们平时讲 4 指 3 寸，拿四根手指头在这里比一下是 3 寸，然后取 5/6 就是 2.5 寸了）。按揉此点，对于肺结核的治疗有一定的效果。

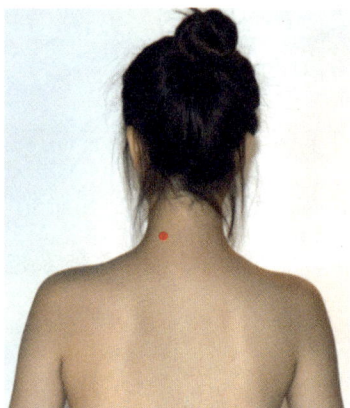

结核点

3. 通便点

便秘是一种极常见的临床症状，绝大多数人都经历过，或轻或重，或长或短。偶尔便秘不是大问题，但长期便秘会对身体造成损害。如干燥硬结的大便刺激，可以导致痔疮、肛裂、肛门感染、直肠脱垂等肛门直肠疾病。有些心脑血管疾病患者可能因便秘，过于用力排便，导致心脑血管破裂，如果不及时抢救，可危及生命。

记得我在医院上班的时候，遇到过多位便秘患者，他们在候诊的时候焦虑、烦躁，用手"啪啪啪"大力拍门。我很理解他们的心情，这类人确实容易因身体疾病导致情志问题，尤其是很多老年患者，往往因为便秘苦不堪言。

我会建议他们试试一指禅按揉通便点。通便点位于肚脐旁开3寸（约4横指），多数人会有非常明显的效果。

有一位患者，男性，73岁，平时大便都是四五天一次，每次都要很长时间。便秘严重了，患者就用大黄口服，刚开始效果还可以，后来大黄用量越来越大，效果也不见好。患者听人说，大黄不能长期吃，就来找我。我让他回去以一指禅按揉通便点，刚

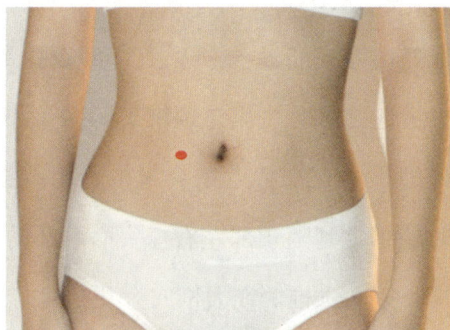

通便点

开始两天没有反应，到了第三天，患者述白天放屁较多，到了晚上就去厕所，泻下了很多柏油样大便。后来这位患者坚持按揉通便点，大便基本两天一次，上厕所的时间也缩短了不少。

4. 血压点

血压点是一个很神奇的穴位，具有双向调节的作用。血压高的患者按揉此点可以降血压，血压低的患者按揉此点可以升血压。穴位位于第6颈

椎棘突下旁开 2 寸。

　　某患者，女性，68 岁，高血压
二十余年，一般为 170/100 毫米汞
柱，平时大把大把地吃降压药，把胃
都给吃坏了。我在寺里见到她，她说
自己血压高，听说高血压会引起脑中
风，可能会偏瘫，特别害怕。我当时
就说，病都是想出来的。然后，我把
血压点告诉她。她随身带着电子血压
计，我给她按揉 5 分钟后，再测，血

血压点

压降到了 145/90 毫米汞柱。她说，有没有办法再降低一点，降到 140 毫
米汞柱以下。我告诉她，她这个年龄这种血压已经很不错了，不需要再
降。患者很满意就回去了。

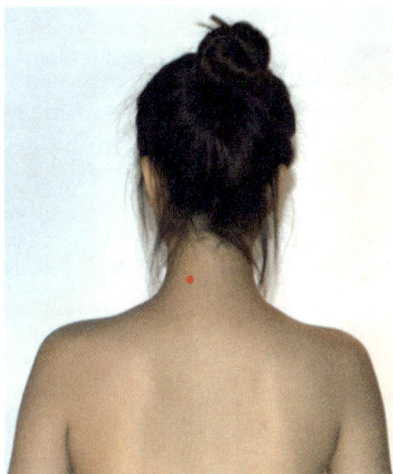

师父领进门，胜癌在个人

附录

苗女士：发现癌症是新生活的开始

2017 年 9 月 6 日，一个晴天霹雳彻底击垮了我原本忙碌无序的生活。我以前发现乳房有个肿块，后来到医院做检查，大夫说是个乳腺纤维瘤，不用担心，做个小手术切掉就可以了。

可是没想到，手术期间病理分析结果显示为浸润性癌，非特殊性。在手术室里，我无心跟医生讨论保乳的必要性，闭上流着泪的眼睛，说："医生，我要命！活着要紧！"和活着走出手术室的患者一样，我很想知道生命还有多久，那个时候还是想去公司上班，因为还有太多的事情没处理完。

欲让一个人死亡，必让其先疯狂。回顾过往，我这几年一直努力拼搏，一门心思在工作上，客户打电话随叫随到，白天忙，晚上也忙，脑子里装的都是工作，忽略了家庭，也忽略了孩子的成长；没有好好吃上一顿饭，生病时连看病的时间都没有，一发现居然就是癌症。这个时候我才知道什么是后悔，才想起过去家人的劝阻。我才活到 33

岁，没有想到这么快就与死亡如此之近。以前从来没有死的概念，总以为那是很遥远的事情。别说是我，父母百年的事我都没考虑过。

手术后，我开始了漫长的化疗之旅，度日如年。几次化疗后，我体验到生不如死的感觉，很想知道我为什么会生病？什么时候死？死后去哪里？父母和孩子将来怎么办？我接受的教育和已有的认知，是忌讳谈死亡的，死亡就如同灯灭，一切都不复存在。谁患了癌症，就等于判了死刑，我对死亡充满了恐惧，不知何去何从。

万念俱灰、走投无路之时，一位朋友建议我找行贵师父。一番交谈之后，我被她的大爱和无我的奉献深深折服，才发现我的知识和师父拥有的相比，犹如沧海一粟，才明白我一直活在过于执着中，家庭生活如同一团乱麻，"小我"的世界中，心漂浮不定，追名逐利，天天因为这些痛苦不堪。这是因为心如无根之树，爱慕虚荣，爱攀缘，也爱攀比，总是追求错误的东西。在师父面前发露忏悔后，师父给我开示何为生死：人死亡只是皮囊坏了，癌症不等于死亡，是新的开始，是觉悟人生的开始……我被震撼了，感觉自己开始了新的人生。

我看到了希望，对生命有了新的认识：人之所以痛苦，在于本性迷失，找不到真正的自我。我一生经历了三个受教育阶段——家庭父母的教育，学校师长的教育，社会生活的历练。在这三次教育中，因为没有形成正确的人生观、价值观和良好的心态，进入社会后，我迷失了本心，工作后随波逐流，在社会这个大染缸中渐渐迷失本性，有了爱恨心、攀缘心、名利心。因为追求这些莫须有的东西而痛苦不堪，以至于疾病对自己发出警告之时还执迷不悟，不愿放弃已有的工作岗位，这就是妄心、执着心，对工作执着，想做得更好，置家庭于不顾，更疏于对孩子的关心和家人的照顾。

从第二次化疗起，无论是在家或是住院，我就看行贵师父写的《心乃大药》，这是我的救命法宝，有了它，我不怕化疗，再生不如死也能承受。我看见行贵师父就开心，她能活，我也能活，化疗药注射在我身上，我脑海里浮现的全都是师父当年抗癌的画面，忘掉了化疗的痛苦。

8次化疗，25次放疗，我就是这样走过来的。在别人不住地呻吟、痛苦得想跳河的时候，在别人忍受不了化疗的痛苦、放弃治疗、丧失求生欲的时候，我的床头一直放着一本书，那就是《心乃大药》。有的病人不解，医生也不解。不在医院治疗的时候，我就专门去行贵师父出现的地方，专门等她，哪怕见她一面，或者说几句话，都能让我开心良久。为了恢复体力，从登山到喝中药，到站桩、八段锦、易筋经，我一直坚持着。

我明白了何为生死。世界所有的事莫若生死之大，我要认识生命，找回自我，了脱生死。生病如同一个"你"住进一个房子里，房子坏了需要修葺，修好就继续住进去，没有修好倒塌了，那再找个房子住进去，不就可以了吗？何必执着？死亡也就是需要换个新房子住，换个皮囊而已，有何恐惧？真正的"我"是不会死亡的。以前的我活在"小我"的世界中，为名为利，在爱恨情仇、家庭矛盾中挣扎不出。重新认识自己后，我发现应该"无我"地生活，去掉我执，放下一切，开心地拥抱生活。医好了心，病慢慢康复了，不知不觉就好了。

放疗结束后没多久，我拖着虚弱的身体，前去古禅寺做义工。看朝阳起又落，看春去秋来，花开花谢，一切是这么的自然而美好。大风大雨大雪的天气，都没能阻挡我追寻真理的步伐，我很开心，也很快乐，对死亡没有丝毫的恐惧。放下一切，不为任何凡尘俗事所动心，觅得真心，保持如如不动，内在清静有序，不思过去，不念将来，活在当下，疾病就好了。

张女士：通过锻炼避免截肢

我是一名纺织工人，1972 年时才 34 岁，在大医院里检查的结果是严重的脉管炎，腿部都已经发黑，医生建议我截肢。我非常痛苦，后来听说井大夫（**行贵禅师**本名井玉兰）看病特别好，就挂了她的号。见到井大夫后，我说："大夫你救救我吧！我不能截肢，截了肢就不能活了！"

当时井大夫一边安慰我，一边详细给我检查，然后她说了三个字，直到现在我仍然记忆犹新，顿时看到了希望。她说："能治好！"我选择相信她。井大夫那时候真是特别好，每天早晨五点就到人民公园带人锻炼。她指导我练习八段锦、站桩和易筋经，也就是 28 天的时间，奇迹出现了，我的腿部皮肤没有那么黑了，而且感觉没那么疼了。

刚开始时，我站高位桩，后来站中位桩，站得两条腿发木、发麻、发抖。夏天的时候，两脚和鞋都汗湿了，双手也滴下了汗水，全身都是大汗淋漓的。坚持练习 3 个月左右，腿部皮肤颜色恢复正常。我坚持一直练习，3 年以后去找医生看，大夫看到十分惊奇，问这病是通过哪种方法治好的，好给其他病友介绍一下。后来，我带来了五六位脉管炎患者，这些患者跟我进行同样的锻炼，个个恢复了正常。

我感慨，只要坚持，就没有治不好的病，这就是锻炼。生命在于运动，只要坚持，就一定能成功。

今年，我已经 82 岁了，也算是高寿了。由于有年轻时锻炼的根基，我现在身体非常好。更重要的是，我的心态也非常好，因为师父常说，青少年时期要会学，中年时期一定要坚持，到了晚年一定要会养。以静为主，以修心、静心、养心、养气而达到健康长寿，达到祛病延年，只要心静，加上锻炼，百病自好。

胡女士：不生气就不患病

我现年 68 岁，1985 年时发现手脚冰凉、发白、发紫。经省里医院的医生检查，结果是雷诺氏病，也就是血液循环不畅，进行性组织硬化症。住院的时候，医生对我说，别不当回事，随时都会有生命危险。

就这样一直吃药治疗，到了 1990 年，行贵师父看见我脸色黑青，就说："你肯定是生了大气，心情不太好造成的。"后来我就跟着她，她给我讲锻炼、中药、食疗等，我的身体比原来好多了，精神也很好。

2018 年 11 月，我因腹痛 4 月多，体检发现胆囊占位，进一步入院检查后确诊为胆囊恶性肿瘤，行腹腔镜胆囊切除、开腹胆囊癌根治术。术后检验报告所示，肌酐 41μmol/L，视黄醇结合蛋白 15.8μmol/L，纤维蛋白原 4.63g/L。做完手术后，经过与行贵师父沟通，我立刻认识到了自己生病的根源，于是放下以前的种种不快，放下嗔恨心，重新认识自己，终于发现了生活中的种种美好，并辅以八段锦、易筋经锻炼。2019 年 2 月 25 日复查指标显示，肌酐 44μmol/L，纤维蛋白原 3.24g/L，红细胞等其他多项数值均大大提高。

我从发现有雷诺氏病起，天天锻炼，但是每天都小心翼翼地活着，生怕像大夫说的那样"随时都可能有生命危险"，我心太小了，所以才会患上胆囊肿瘤。

做了胆囊切除手术以后，我才明白，要放得下，要宽心，心情舒畅，经络通畅，正气足，抵抗疾病的能力才强。

杨女士：靠医生还要靠自己

我在1971年患有严重的胃病，经常吃药、打针，有时还要住院治疗，但始终没有治好胃病。医生讲，治疗是一方面，你自己也要锻炼身体。后来我早上五点半起床去人民公园转转，发现不少人都在打太极拳，各种活动方式都有。

我想，只要锻炼身体能把病治好就行。于是我就在公园里看看哪里锻炼的人多，锻炼多的人效果肯定好。最后我选择行贵师父细心教的八段锦，作为自己锻炼身体的基本方法。锻炼身体有了目标，我就下定决心坚持锻炼，每天早晨五点半就起床去人民公园参加锻炼。

我原来经常胃疼，也曾住院治疗，都是当时治好了，出院没几个月就又犯了。我坚持锻炼了两个月，没想到胃病基本根除，不再复发。现在，我已经七十多岁了，仍然一口好牙，能吃能喝。

坚持锻炼不光我自己受益，还带动了丈夫、孩子、孙子们受益。我喜欢锻炼，丈夫也跟着锻炼，后来孩子也跟着锻炼，再后来孙子也跟着锻炼，他们身体都非常好，很少生病。我和丈夫的医保卡，几十年除了因为偶尔感冒买药都没怎么用过。

我深有体会，生病去医院找医生治疗是一方面，更重要的是要有好的心态来看待疾病，而加强锻炼是提高身体素质的重要方法。

后记：常住真心，性净明体

夫，吾人之心性，本自清净，本自光明，"常住真心，性净明体"，既言真心，自心本是灵明彻照，我等众生无始以来，一念不觉，被世间名、利、得、失等虚荣无常的东西障蔽真心，不得清净，本自光明不能显现，导致百病丛生，痛苦不已。

我们要觉悟，怀着一颗宇宙的心过好现象界的每分每秒，真心境就是当处发生不管任何事，当处寂灭，在这个世间从来没有发生过任何事，不管碰到任何苦难和逆境，都不要说委屈和痛苦，为什么？

缘起无自性，一切法无我，一切法无生，缘起空性就是不可得。缘生就是无生，这就是觉悟明理的重要和正确的观念。

一定要明白，随心所念一切诸法都是因缘而生，既由因缘而生就应因缘而灭，因缘无自性，不真实，不可得。自心本无生灭，但于心性缘起，不无虚妄，凡所有相皆是虚妄。明理则知一切境界皆以妄念而生差别，如离一切境界，即是平等法身，所以要找真心，找到真心，息灭贪、嗔、痴，心净光明照自身，利己利他，百病不生。

我曾患了癌症，但现在活过来了。24 年过去了，我已能平静地看待这一切。但是，受过癌症的苦，亲身感受过患癌时病痛的折磨、内心的挣扎、他人的眼光，我的眼里见不得别人患癌症，我想把他们都救过来。佛家讲，人生有八苦：生苦、老苦、病苦、死苦、爱别离苦、怨憎会苦、求不得苦、五阴炽盛苦。患了癌症，一下子就会全部感受到这八种苦。具体而言，生苦是生着不知道什么时候会死；老苦是恨怎么不能安享晚年；病苦是饱受放化疗的折磨；死苦是眼看就要离开人世；爱别离苦是舍不得自己的父母、爱人、孩子；怨憎会苦是怎么这种病偏偏落在自己头上；求不得苦是还有机会能康复吗？五阴炽盛苦是自己的不幸难道是报应吗？将心比心，所以我看到一个癌症病人，就想把他治好。我的第一本书《心乃大药》出版后，很多人看到都当成传家宝，还有很多癌症病人看到我的抗癌经历后，慕名千万里来寻找我。每一个来寻找我的人，我都会毫不犹豫地救护他们，给他们讲自己的抗癌经历，锻炼方法、饮食疗法，还用一指禅给他们治病。很多癌症病人在见一面、经过一次治疗后，当时就放下了，此后没了思想负担，每天积极治疗，积极锻炼，活得非常快乐。每一天、每一小时、每一分钟、每一秒都活得非常有意义。

为而不为，做而不做。我虽然比较忙，比较累，但一点也不后悔，因为这就是人生的意义。我要让见到我的人都开开心心、健健康康，这就是我活着的意义！我写这本书的目的不是想得到什么，也不是为了名利。做人就应当像太阳普照大地一样，无私地奉献人生，再现人生的价值，服务于人类和社会。

释行贵

2019 年 5 月 11 日于古禅寺